DOSSIÊ VENEZUELA

Copyright © 2021 por
Leandro Stoliar

Todos os direitos desta publicação reservados à Maquinaria Sankto Editora e Distribuidora LTDA. Este livro segue o Novo Acordo Ortográfico de 1990.

É vedada a reprodução total ou parcial desta obra sem a prévia autorização, salvo como referência de pesquisa ou citação acompanhada da respectiva indicação. A violação dos direitos autorais é crime estabelecido na Lei n.9.610/98 e punido pelo artigo 194 do Código Penal.

Este texto é de responsabilidade do autor e não reflete necessariamente a opinião da Maquinaria Sankto Editora e Distribuidora LTDA.

Diretor Executivo
Guther Faggion

Diretor de Operações
Jardel Nascimento

Diretor Financeiro
Nilson Roberto da Silva

Editora Executiva
Renata Sturm

Editora
Gabriela Castro

Direção de Arte
Rafael Bersi, Matheus Costa

Preparação de Texto
Laura Folgueira

Revisão
Laila Guilherme

Assistente
Ana Maria Menezes

DADOS INTERNACIONAIS DE CATALOGAÇÃO NA PUBLICAÇÃO (CIP)
ANGÉLICA ILACQUA – CRB-8/7057

STOLIAR, Leandro
    Dossiê Venezuela : na trilha da caixa-preta do BNDES, dois jornalistas presos pela ditadura de Nicolás Maduro revelam a história por trás das câmeras / Leandro Stoliar. – São Paulo: Maquinaria Sankto Editora e Distribuidora LTDA., 2021.
    192p.

    ISBN 978-65-88370-13-1

    1. Jornalismo investigativo 2. Stoliar, Leandro – Venezuela – Ditadura - Narrativas pessoais 3. Venezuela – Ditadura I. Título
    21-1721   CDD-070.409

ÍNDICE PARA CATÁLOGO SISTEMÁTICO:
1. Jornalismo investigativo

R. Ibituruna, 1095 – Parque Imperial,
São Paulo – SP – CEP: 04302-052
www.mqnr.com.br

LEANDRO STOLIAR

DOSSIÊ VENEZUELA

maquinaria
EDITORIAL

SUMÁRIO

PREFÁCIO 11

O SUSTO 19

A TUMBA 29

OS JORNALISTAS BRASILEIROS DE GASTRONOMIA 45

A CRISE NA VENEZUELA 59

PELAS RUAS DE CARACAS 71

POR TRÁS DAS LAGOSTAS 85

A ENTREVISTA 95

A PONTE INVISÍVEL 109

MEMÓRIAS DO CÁRCERE 123

O PREÇO DA LIBERDADE 137

A FALSA LIBERDADE 149

A VIDA POR UM FIO 165

EPÍLOGO 183

Toda boa reportagem precisa ter um ingrediente imprescindível: emoção – seja ela apresentada no rádio, na TV ou mesmo em um livro. Se essa é sua expectativa para *Dossiê Venezuela*, ele é um prato cheio, do primeiro ao último capítulo. Mais que o depoimento do instinto de um repórter, o livro é uma aula de bom jornalismo, que contextualiza o flagelo da população vítima da revolução bolivariana.

CELSO FREITAS,
jornalista e apresentador

Ditadores não suportam jornalistas, independentemente das orientações ideológicas. Mas, como a missão de todo jornalista é publicar o que alguém quer esconder, Leandro Stoliar e Gilson Fredy viveram uma jornada eletrizante atrás de respostas. Um documento para futuras gerações.

THIAGO CONTREIRA,
jornalista e diretor de jornalismo da Record TV

A reportagem é a arte de contar uma história da vida real. Leandro Stoliar se entrega a essa missão. O ofício que lhe é dado faz parte do DNA de quem atua no jornalismo por vocação. Ir à Venezuela em um momento como aquele e se comprometer com a notícia sabendo de todos os riscos, mesmo na prisão, mostra que seu pensamento era um só: o compromisso com o público.

REINALDO GOTTINO,
jornalista e apresentador de TV

Em *Dossiê Venezuela*, Leandro Stoliar conduz o leitor pelos labirintos de uma história que parece ter saltado das páginas de um conto de Agatha Christie. Através de uma narrativa romanesca, ágil e tensa, despojada de adereços ou penduricalhos verbais, o leitor se vê envolvido em uma trama de suspense. O autor abarca em seu texto os tropeços, medos e ameaças de uma reportagem investigativa sobre empreiteiras brasileiras que pagavam propina a servidores venezuelanos. Stoliar fez um trabalho com extraordinária competência e talento.

DOMINGOS MEIRELLES,
jornalista e autor de As noites das grandes fogueiras: uma história da Coluna Prestes *e* 1930: os órfãos da Revolução

DEDICO CADA LINHA DESTA OBRA ao amigo e jornalista Octavio Tostes, pessoa admirável e profissional exemplar com quem tive a honra de trabalhar na redação do *Jornal da Record*. Tostes faleceu enquanto editava o décimo capítulo deste livro, mas vai ficar para sempre em nossas lembranças.

PREFÁCIO

POR ROSANA TEIXEIRA

Coordenadora de séries especiais do Jornal da Record

UMA INVESTIGAÇÃO LEVOU DOIS JORNALISTAS brasileiros aos porões da ditadura na Venezuela – até então, o país mais perigoso da América Latina para uma equipe de reportagem. O caso ganhou repercussão mundial e mudou a minha vida e a dos meus colegas naquele fim de semana de fevereiro de 2017. E agora a história chega ao público neste emocionante livro, que relata de maneira nua e crua a experiência ameaçadora de passar trinta horas nas mãos da violenta polícia política bolivariana.

Meu amigo e parceiro de trabalho Leandro Stoliar me honrou com a missão de escrever algumas palavras sobre o *Dossiê Venezuela*. Mesmo estando no Brasil, a quilômetros de distância, vivi cada momento narrado neste livro-reportagem. Fui a produtora responsável pela viagem que terminou na prisão e na expulsão de Leandro e do repórter cinematográfico Gilson Fredy Souza. Também tive a difícil tarefa de tentar ajudá-los no penoso processo de libertação.

Antes de serem presos, Leandro e Gilson investigavam denúncias de desvios de dinheiro em obras de empreiteiras brasileiras no exterior que usavam recursos do BNDES (o Banco Nacional de Desenvolvimento Econômico e Social do Brasil). Durante a produção das reportagens, fui atrás de cidadãos e organizações locais que pudessem nos ajudar com as gravações no país vizinho. Foi assim que encontrei a ONG Transparência Venezuela, uma organização civil apartidária, plural, sem filiação política e sem fins lucrativos, que faz um trabalho incansável e importante de cobrar clareza nas contas públicas e nas ações do governo, a fim de tentar diminuir a corrupção no país. Além de nos abastecer com informações sobre o governo de Nicolás Maduro, a ONG ainda indicou dois profissionais de imprensa engajados na causa que conheciam os lugares aonde precisávamos ir, para nos apoiar na tarefa de encontrar as obras investigadas. Também por meio de conexões importantes, cheguei ao então deputado nacional venezuelano Juan Guaidó, um opositor que podia nos esclarecer sobre o gargalo do dinheiro brasileiro enviado para a Venezuela. Depois da nossa entrevista em um local escondido e muito vigiado, e como consequência do que aconteceu nos meses que sucederam a prisão dos jornalistas brasileiros, Guaidó se tornaria o primeiro presidente autoproclamado da Venezuela. Quando marcamos a entrevista, em 2017, ele era procurado pela polícia política por ser considerado um inimigo do governo.

Enquanto eu buscava conexões, informações e documentos no Brasil, Leandro e Gilson corriam atrás dos canteiros de obras, de imagens e de entrevistas para enriquecer a história em campo. Mas no sábado, o último dia de viagem da nossa equipe antes de voltar para casa e já no fim das gravações, veio a notícia. Uma mensagem pelo celular. Segundo Leandro, o carro em que viajavam havia sido cercado por vários veículos no meio da rua e havia um grupo de homens armados! Leandro disse ainda que ele e Gilson estavam sendo levados para algum lugar, mas não sabiam aonde. Assustada, respondi a mensagem imediatamente, mas não obtive retorno. Tentei ligar para entender melhor a situação, mas não consegui falar. Perdemos o contato. Foi tudo muito rápido. Nunca tinha passado por uma situação tão desesperadora, em meus trinta anos de carreira, como a de acompanhar o que meus parceiros enfrentavam na Venezuela, principalmente por não saber o que poderia ocorrer. Começava naquele momento uma corrida contra o tempo para buscar uma solução que garantisse a saída deles de lá com segurança. Não foi uma tarefa fácil.

Um regime que despreza a democracia e os direitos humanos não vê com bons olhos o trabalho da imprensa. Naquele período, Brasil e Venezuela viviam um momento de tensão depois do impeachment da então presidente Dilma Rousseff. O governo Maduro não reconhecia as mudanças e não aceitava conversar com os diplomatas brasileiros no país. Corri para a redação da Record e passei o fim de semana atrás de ajuda. Foram muitas horas de angústia, centenas de ligações e pedidos que envolveram colegas da emissora em várias partes do Brasil. Enquanto Leandro e Gilson enfrentavam o terror da prisão, nós, na TV, passávamos a noite em claro, tomados pela preocupação com a falta de notícias, pelo medo do que poderia acontecer e pela esperança de que a divulgação do caso pudesse mobilizar as autoridades. O jornalismo era o nosso porto seguro. Da prisão até a expulsão do país, recebi poucas informações concretas sobre o que realmente acontecia com os dois enquanto estavam presos na Venezuela. Tive alguns poucos contatos através da ONG Transparência Venezuela e por jornalistas que acompanhavam a situação por lá. A cada minuto sem informação, minha aflição aumentava. Não consegui comer nem dormir durante todo o período em que eles ficaram presos. Só me acalmei quando vi meus dois parceiros no desembarque do aeroporto de Guarulhos, com seus familiares, mais de trinta horas depois daquela mensagem que recebi pelo celular.

Mas o que havia acontecido de fato na Venezuela? Como foram os bastidores da prisão? Como estava a saúde mental dos meus colegas naquele momento? O que comeram? Onde dormiram? Onde foi parar o material da investigação? Será que haviam conseguido confirmar a denúncia? Eram muitas perguntas ainda sem resposta. Mas vê-los vivos pela televisão me trouxe um alívio que é difícil de explicar. Na luta para trazê-los de volta, contamos com o apoio dos consulados do Brasil na Venezuela e no Peru, com a mobilização de organizações e agências de notícias internacionais, de advogados dos direitos humanos, jornalistas e diretores da ONG Transparência Venezuela e, claro, de dois repórteres venezuelanos que foram libertados primeiro: Jesús e Maria. O casal que surgiu por acaso nessa aventura foi fundamental para que Leandro e Gilson saíssem vivos da prisão. Nunca pude conhecê-los pessoalmente, só por vários contatos telefônicos, mas sei o quanto Jesús e Maria foram importantes para a reportagem e para a libertação dos meus colegas. Personagens de uma história real que você vai conhecer a partir de agora nesta obra eletrizante. Boa leitura!

ENTRADA 08 FEB. 2017

SALIDA 20 SET. 2019

2 FEB. 2017

VISTOS VISAS

CAPÍTULO 1
O SUSTO

QUANDO ENTRAMOS NA CAMINHONETE em direção ao hotel Intercontinental, o maior e mais luxuoso da cidade, foi como se seguíssemos em direção a uma festa. Nossa alegria transbordava. Era uma manhã ensolarada de sábado, dia 11 de fevereiro de 2017, em Maracaibo, capital do estado de Zulia. O céu azul daquela região da Venezuela lembrava minha infância no Rio de Janeiro. Em fins de semana como aquele, costumava sair com meu irmão mais velho e meus pais da Tijuca, na zona norte do Rio, para aproveitar a piscina de um clube da Lagoa na zona sul da cidade. Talvez o calor ou, quem sabe, a brisa que vinha do lago de Maracaibo tenham me feito voltar mais de vinte anos no tempo. Por algumas horas me senti seguro, aliviado. Só passava pela cabeça que havíamos conseguido concluir uma investigação perigosa, num país hostil, sem nenhum contratempo. A angústia de voltar para casa sem a reportagem planejada ronda a vida de todo jornalista. Numa viagem internacional como aquela, que havia custado caro para a empresa, a apreensão é ainda maior. Se houver uma falha ou faltar uma imagem importante, não há como voltar para refazer.

Se perder a chance, perdeu.

Eu, o cinegrafista Gilson Fredy e um casal de jornalistas venezuelanos, que nos ajudava na reportagem, seguíamos sem pronunciar nenhuma palavra. Ironicamente, quatro jornalistas felizes e silenciosos. O único som era o da caminhonete roxa e barulhenta da década de 1990 que carregava muito ferro na estrutura e tinha pouco conforto. Nosso veículo seguia a toda velocidade e com os vidros fechados. Aliás, é difícil ver carro novo na Venezuela. Nas ruas de asfalto precário, que faziam o Brasil parecer a Europa, a gente quicava no banco de trás. Não havia policiamento. Mas, naquele momento, isso era o que menos se pensava ou, pelo menos, ninguém quis tocar nesse assunto. Nossa missão havia sido cumprida. Com a câmera na mão, Gilson revisava as imagens que havíamos acabado de captar num canteiro de obras fechado na beira do lago de Maracaibo. No local, onde deveria ter sido construída uma imensa ponte ligando as duas margens do lago, só havia dois pilares fincados na água. Fazia tempo que nenhum engenheiro ou operário aparecia por lá. A imensa placa presa ao muro do canteiro anunciava que aquela era a construção da ponte Nigale, a segunda travessia do lago de Maracaibo, e descrevia ainda a data inicial do contrato firmado entre o governo bolivariano da Venezuela e a empreiteira brasileira Odebrecht para a realização da obra: 2008. A obra havia sido iniciada quase dez anos antes da nossa chegada! Segundo o próprio anúncio, a suposta construção fazia parte de um convênio básico de cooperação técnica entre Brasil e Venezuela. A placa no muro da obra então confirmava nossa suspeita: o dinheiro vinha de uma parceria com o Brasil. Era recurso brasileiro em terras venezuelanas. *Eureca*! Era o que faltava para ter certeza que estávamos no caminho certo. Fazia sentido a investigação que apurava o envolvimento de empreiteiras brasileiras em obras inacabadas na Venezuela por meio do BNDES. A apuração estava pronta, e esse era o nosso último dia de viagem.

Já passava das dez da manhã e havia pouco tempo para nosso voo de volta para Caracas, marcado para o meio-dia. Era o tempo de chegar ao hotel, pegar as mochilas, fazer o check-out e seguir para o aeroporto. Nossa passagem pela capital venezuelana também seria rápida: apenas para apanhar as malas maiores que tínhamos deixado no hotel e voltar ao Brasil. Se o planejamento fosse seguido à risca, regressaríamos para casa sãos e salvos. O plano era perfeito e estava dando certo.

Não existe sensação melhor para um jornalista investigativo do que descobrir que a suspeita usada como base para toda a apuração é verdadeira. E mais do que isso: sair ileso de uma investigação perigosa. Depois de dias de imersão total num país hostil para o trabalho jornalístico, a vontade naquele momento era a de comemorar, mas depois de um tempo nessa profissão você descobre que "o jogo só termina quando acaba". Não sei quem inventou essa frase irônica... Só sei que ela nunca foi tão bem empregada quanto naquele momento.

Enquanto seguíamos com pressa para o hotel, a cerca de 5 quilômetros do local da última gravação, alguns detalhes chamaram nossa atenção: a Venezuela vivia uma crise tão profunda que não havia novas construções, e poucas estavam em andamento. A impressão era a de que, há muito tempo, o país não recebia grandes obras. Os veículos antigos que circulavam com certa dificuldade pelas ruas esburacadas atrasavam nosso trajeto até o hotel. Os táxis em Maracaibo mais pareciam ter saído do filme *Mad Max* ou do desenho dos Flintstones. Havia muito movimento de carros e pessoas. Era um ambiente de muita pobreza. Olhando pela janela do carro, vida normal. Mas o alto índice de criminalidade no país assustava até quem vinha de uma cidade perigosa como eu.

Faltava pouco para chegar quando o imprevisível aconteceu. Um susto fez o motorista dar uma freada brusca. Uma guinada forte para a esquerda e o som da batida da roda da caminhonete no meio-fio quebraram a tranquilidade no carro. A cena vista do banco de trás parecia a de um filme de ação: o som da freada dos pneus em alta velocidade chamou a atenção dos pedestres, e a caminhonete foi fechada por quatros veículos de passeio no meio da rua. O primeiro era um sedã preto com vidros escuros que impedia nossa passagem pela frente. Ao lado direito, um esportivo e uma caminhonete, e um último carro *hatch* preto estacionou atrás para impedir a fuga. Mais de dez homens com roupas comuns desceram dos carros armados com pistolas e fuzis, um deles com uma submetralhadora pendurada no pescoço. Eram intimidadores, preparados para a guerra.

Foi tudo muito rápido. Gilson olhou para trás e viu um giroscópio (aquele objeto luminoso que fica em cima dos carros da polícia) mas não comentou. Eu não percebi e talvez por isso tenha achado que se tratava de um roubo ou algo parecido. As notícias de crimes na Venezuela, como assaltos e latrocínios, só cresciam desde que pisáramos no país, e àquela altura era inevitável pensar que nós seríamos os próximos. A primeira e única coisa em que se pensa nessa hora é na morte. Eu sempre imaginei que, se um dia isso acontecesse, eu teria sangue-frio para resolver a situação. Afinal, tinha passado quase dezesseis anos como repórter no Rio de Janeiro. Mas, na hora H, a banda toca diferente. Nada de choro ou grito. Apenas pernas tremendo. Muito.

Geralmente bem mais calmo do que eu, Gilson estava sentado também no banco de trás, no lado do motorista, e parecia congelado. Ele já desconfiava que poderiam ser policiais, mas nem piscava. Segurava a câmera em uma das mãos e, com a outra, agarrava o encosto do banco da frente. Claramente, não sabia o que fazer. Nem eu. Nessa hora, você esquece tudo o que aprendeu.

O silêncio dentro do carro só foi quebrado pelo motorista, um jornalista venezuelano com pouca experiência em reportagens investigativas desse porte, de nome Jesús (coincidência ou não, ele estava do nosso lado): "Por favor, ninguém fala nada. Ninguém abre a boca", disse em espanhol. Nessa hora, não me ocorreu nada a fazer a não ser pedir baixinho ao Gilson para retirar o cartão de memória da câmera bem devagar. A câmera com todo o arquivo digital que capturamos durante a viagem é semelhante à que se usa em festas e casamentos no Brasil: pequena, para não chamar muita atenção, e com boa resolução, para exibir um material de qualidade num jornal de rede nacional como o *Jornal da Record*. Era ideal para o tipo de reportagem que tínhamos ido fazer e poderia até passar despercebida pelos "assaltantes", mas eu precisava salvar o material registrado durante aquela semana de viagem. Imagens, entrevistas e minhas participações na reportagem eram fundamentais para comprovar a denúncia. E, cá entre nós, depois de horas e horas de gravações tensas e intensas, eu não podia perder todo o trabalho. O cartão de memória era o bem mais valioso naquele momento, depois da nossa vida. E só me veio à cabeça guardar o cartão comigo mesmo, escondido atrás do meu cartão de crédito, dentro da carteira, no bolso da calça jeans, mas não havia garantias de que ele ficaria escondido por muito tempo...

Descendo de seu carro, um dos homens, armado com um revólver calibre 45 cromado, bateu no vidro, apontou a arma para dentro da caminhonete e perguntou em espanhol: "De onde vocês são? Tem alguém armado?". O motorista abaixou o vidro e respondeu com a voz trêmula, monossilábico: "Não...". As perguntas deixavam claro que aquilo não era um assalto. O homem armado terminou a breve abordagem com uma ordem: "Sigam os carros".

Os veículos arrancaram, sempre dois na frente e dois atrás do nosso. O jornalista venezuelano seguiu o comboio sem falar mais. A namorada dele entrou em pânico e não parava de fazer perguntas com a voz embargada: "O que está acontecendo? Para onde estamos indo? Quem são esses homens? Jesús! Responda!". Jesús mantinha o silêncio, como um homem em oração.

Era um momento tenso. Gilson e eu estávamos num país desconhecido, longe da família e amigos, sem saber para onde éramos levados. Não conhecíamos ninguém, além do casal que tínhamos encontrado no dia anterior. Os carros seguiram sem parar, correndo por ruas estreitas, sem errar o caminho. Eles sabiam para onde estavam nos levando. Não estávamos mais na direção do hotel.

Dentro do carro, Gilson e eu discutíamos, em português, as alternativas possíveis. Como a comunicação com o casal que sentava no banco da frente era toda feita em espanhol, falar baixo e rápido em português podia dificultar o entendimento deles e mantinha o assunto só entre nós. Nesse momento, começamos a desconfiar de tudo e de todos, inclusive dos dois venezuelanos. O casal, até então, só havia nos ajudado a fazer a reportagem, mas já não sabíamos se Jesús e a namorada tinham envolvimento com o grupo armado ou se eram apenas vítimas como nós. Não era absurdo imaginar que pudessem ter relação com os guerrilheiros das Forças Armadas Revolucionárias da Colômbia (Farc), que atuavam na Venezuela, com o governo de Nicolás Maduro ou com outros criminosos. Num país em crise, onde as pessoas não têm o que comer, nossa dúvida era até perdoável. O casal também sabia onde Gilson e eu estávamos hospedados e, principalmente, os caminhos que faríamos durante a investigação. Mas, agora, o caminho era outro, desconhecido.

Quando chegamos à cidade de Maracaibo, um dia antes, fomos recebidos no aeroporto pelo casal. Uma mulher bonita, com menos de trinta anos, bem-vestida, e um homem pelo menos dez anos mais velho, que se dizia professor de uma universidade local. Os dois jornalistas venezuelanos conheciam bem a região e tinham sido convencidos pela nossa equipe de produção no Brasil a nos ajudar. A produtora do núcleo de séries especiais do *Jornal da Record* em São Paulo, Rosana Teixeira, havia sido incumbida de produzir a série de reportagens especiais que, depois, levaria o nome de "A caixa-preta do BNDES". Além de conseguir marcar as entrevistas na Venezuela por telefone, Rosana descobriu uma maneira de agilizar nosso deslocamento pelo país. Havia a preocupação de conseguir a maior quantidade de material no menor tempo possível, e o contato com jornalistas locais era importante. Os nomes de Jesús e sua namorada Maria surgiram por meio da ONG Transparência Venezuela, dedicada a cobrar do governo de Nicolás Maduro mais transparência nas contas públicas. Tudo indicava que eram pessoas de bem, com o intuito de ajudar... E realmente eram. Mas, num momento crucial como aquele, com nossas vidas em jogo, todos eram suspeitos até que se provasse o contrário.

A cada quilômetro rodado, a tensão aumentava. Dentro do carro, o silêncio ecoava como um grito de socorro. Gilson e eu só conseguíamos pensar em como salvar o que havia sido gravado na câmera principal. A chance de ter o nosso equipamento levado pelo grupo armado era muito grande. Definitivamente, a minha carteira não era o melhor lugar para esconder os cartões de memória, mas não consegui pensar em uma alternativa. Nós já estávamos perdidos em meio a um labirinto de vielas e ruas de terra, e uma tentativa de fuga numa situação como aquela poderia criar um problema ainda maior. O medo e a incerteza só aumentavam. Até então, ninguém tinha ideia do que se tratava nem do que poderia acontecer. A única certeza era de que estávamos cada vez mais longe de casa.

CAPÍTULO 2

A TUMBA

A CADA QUILÔMETRO PERCORRIDO, a angústia aumentava. Nosso destino era mais do que só incerto: parecia perigoso. Ninguém imaginava para onde nos levariam, o que só fazia crescer a tensão. Nós quatro seguíamos calados, como se o silêncio fosse um porto seguro. Inquieto, eu não parava de pensar no que estava por vir. A sensação era de que, como repórter responsável pela equipe no local, eu precisava fazer alguma coisa para tentar mudar aquela situação. Gilson estava de olhos arregalados. Nos entendemos só com gestos. Eu olhava para ele como se perguntasse: "O que está acontecendo? Quem são esses caras?". Mas Gilson não abriu a boca. Só respondia balançando a cabeça e os ombros como se dissesse "não sei". Percebi a preocupação dele, o medo estampado no rosto e nas atitudes. Nas minhas também. Nós nem tínhamos muita experiência trabalhando juntos, mas não precisa de muita intimidade para perceber o nervosismo de alguém que tem a liberdade cerceada.

Gilson e eu nos conhecemos durante um plantão de feriado na então TV Record de São Paulo, meses antes de a emissora mudar de nome para Record TV. O ano era 2016. Fomos deslocados para uma reportagem do *Jornal da Record*, o mais importante da emissora. Era primavera, não havia nuvens no céu, e eu sei que o sol do meio-dia atrapalha qualquer cinegrafista. Nossa missão era contar como moradores de uma rua na zona norte de São Paulo iriam fazer uma surpresa para crianças carentes em comemoração ao dia 12 de outubro, Dia da Criança. Apesar das sombras que o sol teimava em fazer sobre o rosto dos pequenos entrevistados empolgados com a festa, a reportagem cresceu com as boas imagens do Gilson e fechou a edição do telejornal daquele dia. O bom trabalho que mostrou nas reportagens diárias o levou a ser requisitado pelo Núcleo de Séries Especiais do *Jornal da Record*. Passaríamos a trabalhar mais vezes juntos nas reportagens especiais, o que fez com que Gilson e eu ficássemos mais acostumados um com o outro – mas acho que nem todo o tempo do mundo trabalhando junto na mesma equipe prepara alguém para uma situação extrema como aquela. Meses depois, lá estávamos nós na Venezuela, prontos ou não, para o que estava prestes a acontecer.

Até então, eu não sabia que Gilson era um repórter cinematográfico com experiência em jornalismo investigativo. Mas já sabia que era um profissional dedicado, de pensamento crítico e olhar refinado, daqueles com que todo repórter gosta de trabalhar. Com ele, não havia tempo ruim e muito menos imagem sem sentido. Ele imprimia sentimento na hora de captar o fato. Fazia jornalismo com as lentes da câmera. Gilson sabia o que estava fazendo, e eu sabia que ele era um repórter cinematográfico participativo. Envolvia-se com a pauta e topava qualquer parada. Eu tinha certeza de que estava bem acompanhado. No fundo, numa hora difícil, o repórter quer mesmo é estar com um cinegrafista assim. Mas o momento era muito crítico. Imprevisível. Eu não sabia qual seria a reação dele numa situação tensa como aquela. A única esperança de sair de tal enrascada dentro do carro era pedir ajuda rapidamente pelo telefone, nosso único meio de comunicação com o Brasil.

Quando chegamos à Venezuela, Gilson e eu compramos um chip de uma operadora local para entrar em contato com as fontes de maneira mais fácil e barata. Se fôssemos usar os dados do telefone do Brasil, provavelmente estaríamos pagando essa conta até hoje... Enfim, o chip local já estava com pouco crédito, mas ainda era possível enviar mensagens. Gilson não tinha um chip desses, então a única comunicação dele era por meio do meu aparelho. Por isso, nós dois precisávamos estar sempre perto um do outro... Separar os dois era cortar comunicação entre nós e com a produção do jornal no Brasil.

Naquele momento de tensão no carro, fiz o que qualquer jornalista faria: usei o aplicativo do celular para mandar uma mensagem para a produção do jornal em São Paulo. Como também era um sábado de sol na capital paulista, a produtora Rosana Teixeira aproveitava a folga com o marido e os dois filhos. Rosana se preparava para almoçar com a família, minutos depois de ter respondido a uma mensagem que enviei sobre nossa pauta, quando a segunda mensagem surgiu na tela do celular: "Rosana, me ajuda! Aconteceu uma coisa estranha. Fomos abordados por homens armados e estamos sendo levados para algum lugar. Ainda não sabemos aonde...". Rosana não acreditou. Primeiro pensou que fosse mais uma brincadeira minha. Em questão de segundos, veio o susto e a reação: "Meu Deus! Como assim??? Vocês estão onde, exatamente?". Não tive tempo de responder.

Ainda em choque e sem saber o que estava acontecendo, Rosana ligou direto para a direção de jornalismo e avisou que havia acontecido algo com a nossa equipe na Venezuela. Como ainda não se sabia a real situação, a primeira decisão foi aguardar. Havia esperança de que o problema fosse resolvido rapidamente e, por isso, ficou decidido que antes de divulgar a informação era melhor esperar os acontecimentos. O sábado de folga da Rosana acabou. O almoço ficou no prato, e a produtora voltou correndo para a redação. Começava ali uma longa batalha atrás de ajuda e informações.

A primeira a receber o contato de Rosana foi Lívia Raick, minha esposa. Lívia, que também é repórter, havia sido enviada pelo SBT a Vitória, capital do Espírito Santo, para cobrir a greve da polícia local. Ela também vivia um dia de caos quando recebeu a ligação: "Lívia, acho que o Leandro pode ter sido preso na Venezuela!", disse Rosana sem meias palavras. Lívia não podia acreditar no que estava acontecendo. O marido preso na Venezuela em meio à ditadura militar? Essa não é uma informação que se absorve com muita facilidade... O único jeito foi Lívia deixar a cobertura no Espírito Santo e voltar para São Paulo para ajudar na busca por informações. Enquanto ela avisava nossos familiares sobre o que havia acontecido, a direção de jornalismo da Record convocava repórteres de plantão para ajudar na cobertura que começaria no dia seguinte, caso não fôssemos libertados. Para cobrar uma ação das autoridades brasileiras, Rosana decidiu ir atrás do Itamaraty e do consulado do Brasil em Caracas. Era cedo para isso. Ninguém sabia ainda o que realmente havia acontecido. A decisão de divulgar uma nota sobre o ocorrido e publicar a notícia sobre a situação da equipe na Venezuela viria no dia seguinte, domingo. Mas, até lá, muita coisa ainda estava para acontecer. O tempo passava rápido, e a falta de informações aumentava a angústia da equipe no Brasil e o nosso medo de perder de vez o contato com ela.

Os carros seguiam em alta velocidade, e a internet naquela região era uma das piores da Venezuela. Eu sabia que uma demora na resposta deixaria Rosana em pânico. Era estranho que me preocupasse com isso num momento de tanta tensão como aquele, mas a internet não voltava, e, no local onde estávamos, o aplicativo era a única maneira de falar com ela rapidamente. Eu precisava contar à Rosana os detalhes do que acontecia, até porque tinha medo de sumir e ninguém saber o nosso paradeiro. Se algo assim acontecesse, seria muito difícil alguém nos encontrar. Era por isso que a primeira reação para tentar nos salvar daquela situação fora mesmo enviar a má notícia de maneira curta e grossa. Eu precisava que Rosana compreendesse nossa situação em poucas palavras. O texto tinha que provocar uma reação que a deixasse preocupada. Sim, eu me preocupava com a preocupação dela, mas ao mesmo tempo precisava que ela se preocupasse comigo. Dito e feito. Apesar de não ter ideia do que acontecera no Brasil depois daquela mensagem, sabia que ela entenderia a gravidade da situação. Se eu pensei nisso tudo na hora? Não. Era instinto, a habilidade mais apurada do jornalista.

Nessa hora, a cabeça já estava a mil por hora. Os carros que conduziam o comboio reduziram a velocidade. Era a última curva. Uma rua sem saída, de terra batida e com árvores baixas nas calçadas dos dois lados. Um lugar típico do interior do Nordeste brasileiro. Mas não era o Brasil, nem uma viagem a passeio com nossos amigos.

Na chegada, um portão de ferro se abriu para os veículos. Um homem armado vigiava a entrada. Lá dentro, uma casa de cimento com fachada branca e pintura desgastada. Portas de vidro escondiam as grades de ferro antigo por trás. Não havia letreiro na porta nem pessoal uniformizado. Apenas uma pequena placa com letras miúdas, só possíveis de ler bem de perto: "Sebin – Serviço Bolivariano de Inteligência Nacional". O termo "bolivariano" começou a ser usado pelo ex-presidente venezuelano Hugo Chávez e, posteriormente, pelo seu sucessor Nicolás Maduro, em sinal de admiração pela política chavista. Mas a expressão é bem mais antiga, do século XIX, quando o general venezuelano Simón Bolívar liderou a luta pela independência em países latino-americanos como Colômbia, Bolívia, Peru, Equador e Venezuela. A ideologia expressa por Bolívar em documentos assinados pós-independência serviu de base para a fundação de partidos políticos em alguns países e vigora até hoje na Venezuela. As ideias previam a educação pública gratuita e obrigatória, além do repúdio à intromissão estrangeira nas nações da América do Sul. Para muitos setores da esquerda, o bolivarianismo une o socialismo a uma vertente da ideologia republicana, apesar de essa suposta união ter sofrido duras críticas do filósofo alemão Karl Marx, pai do socialismo científico. Chávez não inventou o "bolivarianismo", mas se apropriou do termo. Desde que assumira a presidência, afirmou-se seguidor das ideias de Bolívar e chegou a declarar o país uma "república bolivariana". Assim, o termo passou a ser usado como bandeira de campanha política pelos governos chavistas. No governo de Hugo Chávez, uma assembleia alterou a Constituição Venezuelana de 1961, que passou a se chamar Constituição Bolivariana de 1999. O nome do país também mudou de Estado Venezuelano para, em português, República Bolivariana da Venezuela. Muitos órgãos públicos seguiram essa transformação, como as escolas bolivarianas, a Universidade Bolivariana da Venezuela e... o Serviço Bolivariano de Inteligência Nacional, o Sebin.

Quando fomos presos pelos agentes do Sebin, não sabíamos quem eram. Havíamos sido abordados por policiais que não usavam uniforme e – descobrimos mais tarde – tampouco se chamavam pelos nomes. Era a chamada "polícia política": uma equipe de segurança que goza de carta branca no país com poder para prender, sequestrar, julgar com base apenas na investigação dela e matar, se for preciso. Sem necessidade de explicar nada a ninguém. Os homens do Sebin têm um longo histórico de violação dos direitos humanos. São policiais que se reportam apenas ao governo do ditador Nicolás Maduro. É uma polícia protetora dos interesses da ditadura militar com regras próprias, que age de maneira independente e não segue as leis do país, muito menos quando se trata de como deve ser a abordagem policial. O Sebin foi criado em 1969 pelo então presidente da Venezuela, Rafael

Caldera, como uma força de segurança interna subordinada ao Ministério do Poder Popular para o Interior, Justiça e Paz. No início, a divisão policial recebeu o nome de Direção dos Serviços de Inteligência e de Prevenção – Disip. Em 2009, o então presidente Hugo Chávez reestruturou a Disip, escolhendo novos comandantes e analistas pelos atributos políticos, e não por mérito ou experiência. Em uma cerimônia oficial no ano seguinte, Chávez dissolveu totalmente o antigo departamento e mudou o nome da Disip para Sebin.

Os agentes do Sebin ordenaram que a gente saísse da caminhonete e entrasse na casa. Fomos obrigados a entregar a um dos agentes as duas câmeras usadas na reportagem, meu notebook particular e os telefones celulares de todos. Mas minha carteira, na qual estavam os cartões de memória da câmera, ficou no bolso. Ao entrarmos na casa, homens armados nos esperavam, alguns à paisana, outros com coletes pretos à prova de balas, calças e coturnos pretos. Um deles se aproximou e ainda na recepção se apresentou como "policial do governo Maduro". Os agentes nos olhavam como se tivéssemos cometido um crime bárbaro. Uma mistura de ódio pelo nosso suposto crime e satisfação por terem prendido quatro "criminosos" de alta periculosidade. Descobrimos isso quando o agente anunciou que, a partir daquele momento, nós, jornalistas, estávamos presos por espionagem. Começávamos a entender o que acontecia.

Não era incomum a prisão de jornalistas estrangeiros na Venezuela, nem a intromissão direta do governo em jornais locais. Organizações como o Sindicato Nacional de Trabalhadores da Imprensa da Venezuela – SNTP – passaram a denunciar o governo de Maduro por assédio sistemático cometido contra jornalistas no país e por violar a liberdade de expressão com o fechamento de jornais, censura e até restrições à entrega de papel de imprensa, controlado pelo Estado. Depois da nossa prisão, ficaram mais evidentes os casos de abusos cometidos contra repórteres. Em 2019, seis jornalistas da emissora Univision Notícias – a maior rede de televisão hispânica dos Estados Unidos – tiveram as câmeras apreendidas pelas autoridades chavistas depois de Maduro se irritar com uma pergunta sobre a falta de democracia no país e de assistir à imagem de venezuelanos comendo lixo nas ruas de Caracas. Os jornalistas foram presos, ficaram incomunicáveis e acabaram deportados para os Estados Unidos. Outro jornalista, que registrou a movimentação no hotel onde os detidos estavam, também foi detido e passou sete horas sem comunicação. Casos como esses se repetiram dezenas de vezes. A principal acusação do governo era de espionagem, já que os jornalistas que entraram na Venezuela para cobrir a crise humanitária deram voz a políticos da oposição e captaram imagens que revelaram a pobreza e a desigualdade social – realidade crítica ao governo bolivariano. Segundo o Sindicato Venezuelano de Imprensa, no mesmo ano, 26 jornalistas foram atacados, oito equipes de reportagem foram vítimas de roubos e sete programas de notícias deixaram de ser transmitidos, por ordem do Conatel (órgão que controla as telecomunicações do país), por fazerem referência ao opositor Juan Guaidó ou se recusarem a acatar uma censura que veta informações sobre protestos e manifestações no país.

Em 2012, dias antes de realizar uma viagem a Cuba na tentativa de se curar do câncer, o ex-presidente Hugo Chávez assinou um decreto que transferia o controle do Sebin à vice-presidência executiva do país, ocupada na época por Maduro, a quem, posteriormente, chamaria de seu herdeiro político. O Serviço de Inteligência Bolivariano passou a ser, como ouvimos dos próprios jornalistas venezuelanos na época, "o órgão que desempenha serviços de inteligência de natureza política com uma moderna estrutura para investigar funcionários públicos, políticos, jornalistas, personalidades ou qualquer outra pessoa que esteja sob suspeita". O Sebin foi fundamental para revelar possíveis conspirações contra o governo e passou a receber muito mais recursos que seu antecessor, o Disip. Como formadores de opinião, os jornalistas eram vistos como uma das grandes ameaças ao governo, porque Maduro não queria que fossem divulgadas notícias que pudessem prejudicar sua imagem, muito menos abastecer a oposição de informações sobre suas falhas como governante.

Um estudo da ONG britânica ARTICLE 19 revela que 2017 foi o ano mais perigoso para o trabalho jornalístico na segunda década do século XXI. Agressões, prisões, assassinatos. O levantamento foi feito com informações apuradas em 172 países e mostra que a liberdade de imprensa nesse período foi mais cerceada do que em anos anteriores. A ONG chegou a classificar o momento como "crise global da liberdade de expressão". O Comitê para a Proteção dos Jornalistas elabora anualmente um documento sobre jornalistas ao redor do mundo, e, quando chegamos na Venezuela, o país liderava a lista na América Latina como o lugar mais perigoso do continente sul-americano naquele ano para o trabalho de um jornalista.

No dia da nossa viagem à Venezuela, eu havia feito uma pesquisa na internet sobre o país e os governos chavistas, a fim de entender melhor o assunto, como é praxe no trabalho jornalístico. Precisava saber exatamente aonde a reportagem nos levaria, mas também queria criar uma estratégia para nos ajudar a não perder tempo durante a investigação no país. Nessa pesquisa, descobri um personagem muito marcante da história recente venezuelana: Raúl Lopez, um médico terapeuta acusado de fazer oposição ao governo de Nicolás Maduro que havia sido preso pelo Sebin.

Por incrível que pareça, ao entrar naquela casa, cercado por agentes armados, voltei no tempo. Minha péssima memória decidiu funcionar e trouxe à tona uma lembrança de uma notícia que havia lido, dias antes, sobre o Sebin. Raúl Lopez passou dois meses preso na cela do Serviço Bolivariano de Inteligência e ficou famoso depois de uma entrevista em que falava justamente sobre essa experiência. O ex-preso chamou a prisão de "Tumba". Ouvimos falar novamente sobre a lenda da "Tumba" assim que chegamos ao país. O apelido tinha uma explicação: segundo os próprios presos, quem era levado à "Tumba" dormia em celas que ficavam cinco andares abaixo da terra. Um calabouço. Os presos ficavam isolados, submetidos a baixas temperaturas e com luzes acesas 24 horas por dia. Segundo Lopez, essa era uma tática de tortura para enlouquecer qualquer um que falasse mal do governo chavista. Assim, os agentes do Sebin conseguiam as "confissões" que queriam para incriminar as vítimas, caso elas fossem julgadas. Mas, com a justiça em colapso, isso não acontecia ou levava muito tempo para acontecer... Período suficiente para os presos mudarem as versões dos depoimentos. Só fui entender essa história quando nos chamaram de espiões assim que chegamos à sede do Sebin. Eu pensava o tempo todo que a "Tumba" seria nossa próxima parada. Preferi não contar essa história ao Gilson para não piorar a situação. Afinal, em que ajudaria ele saber com antecedência que poderíamos ser levados a uma tumba?

O que também não saía da cabeça era o raio do cartão de memória da câmera escondido na carteira, no bolso da calça: "E agora? E se acharem o cartão e descobrirem todo o conteúdo das nossas gravações? Se fizerem isso, vão saber que a investigação pode revelar um possível esquema de corrupção do governo defendido por eles com unhas e dentes... E se algum dos agentes entender português? Vai ouvir o que eu disse sobre o Maduro em todas as gravações! E agora?!". É difícil resumir tudo o que passa na cabeça numa hora como aquela. Mas uma coisa era certa: naquele momento, o frio na barriga só aumentava.

CARACAS

VENEZUELA

BR

SÃO PAULO

8 DE FEVEREIRO DE 2017 - QUARTA-FEIRA
Leandro Stoliar e Gilson Souza saem de São Paulo para a Venezuela, o país mais violento da América do Sul segundo a Organização das Nações Unidas (ONU).

CAPÍTULO 3

OS JORNALISTAS BRASILEIROS DE GASTRONOMIA

A QUARTA-FEIRA, 8 DE FEVEREIRO DE 2017, deveria ter sido um dia como outro qualquer. Eu voltava de uma folga e tinha passado a manhã praticando o esporte de que mais gosto atualmente: o tênis. Fazia calor em São Paulo, e o exercício me deixava mais animado, com disposição para o trabalho que começaria logo após o almoço e só terminaria depois do jantar. Isso quando não levava trabalho para casa... Não era o caso naquele dia. Como não havia recebido nenhum chamado de urgência pela manhã, não fazia a menor ideia do que me esperava. Ninguém havia comentado sobre uma possível viagem para a Venezuela. Essa seria a surpresa. Aliás, escolhi a profissão justamente por isso, a falta de rotina. O problema é que nem sempre a surpresa é de se comemorar...

Geralmente, quando nós, repórteres, vamos fazer uma viagem a trabalho, a notícia corre rápido pela redação. Não é raridade receber uma mensagem do chefe pelo telefone celular no dia da viagem, momentos antes da partida. Quando isso acontece, dá até frio na barriga. Quase sempre é uma bomba que você precisa resolver e que não vai ser fácil. O jornalismo é sempre imprevisível, mas as histórias se repetem – com exceção desses chamados repentinos, que causam certo estresse ao longo dos anos. Sim, o repórter precisa se acostumar com isso. Faz parte da profissão.

À tarde, quando cheguei à emissora na Barra Funda, região central da capital paulista, segui a rotina. Entrei na redação, no segundo andar do prédio, e fui direto até a mesa da equipe de produção do Núcleo de Séries Especiais do *Jornal da Record*.

Rosana, acostumada com esse tipo de cobertura, me recebeu com a notícia que me levaria a uma das matérias mais difíceis da minha carreira. Educada, sensível e preocupada com a equipe, ela sabe o que é viajar para um país hostil para realizar uma investigação, como estávamos prestes a fazer. Apesar de toda a delicadeza que lhe é peculiar, Rosana preferiu, nesse dia, ser direta. E, para ser sincero, nessas horas é o melhor mesmo. O aviso foi curto e objetivo, como quem diz: "Não tem jeito, vamos embarcar nessa missão, e não vai ser fácil". Pelo tom de voz da Rosana e pelo tamanho da mensagem, entendi o peso da responsabilidade. Rosana não mediu as palavras: "Boa tarde, Lê! Você vai para a Venezuela".

Rosana era uma das pessoas mais próximas a mim na redação. Havia se tornado uma amiga – e ainda é. Fazia pouco tempo que eu me transferira do Rio para São Paulo, e já havíamos criado uma relação profissional de respeito e admiração. Também não era para menos. Em dois anos na cidade, eu já havia feito duas viagens internacionais com ela para lugares distantes e desafiadores. Em Taiwan, na Ásia, durante uma série especial para o *Jornal da Record*, sofremos com o idioma tão diferente. Exploramos um país desconhecido para nós brasileiros e voltamos com a bagagem cheia de histórias. Conhecemos um vulcão adormecido e mostramos o nascimento de um urso panda... No ano seguinte, foram catorze dias num dos países mais curiosos e encantadores do mundo, a Suíça, o que nos rendeu o prêmio Europa de Jornalismo com outra série de reportagens especiais.

Rosana é uma pessoa em quem confio, e eu sabia que dificilmente ela brincaria com assunto tão sério quanto uma viagem para a Venezuela em plena ditadura militar.

Na hora levei um susto! "Mas fazer o que na Venezuela?", perguntei. Rosana explicou que havíamos recebido uma denúncia, de fonte segura, sobre um esquema de corrupção que envolvia o governo de Maduro. "Ok... Mas qual é o interesse do brasileiro pela corrupção na Venezuela? Por que vamos viajar para lá e mostrar um esquema envolvendo um governo ditador que não tem nenhuma relação com o Brasil?", questionei. Não sei explicar, mas, quando perguntei, já imaginava a resposta.

Enquanto eu ainda digeria a informação de que passaria longos dias investigando um crime num país onde não há liberdade de imprensa, Rosana tentava viabilizar a viagem. Não havia muitos voos do Brasil para a Venezuela – apenas um por dia –, e a ordem era ir o mais rápido possível. Nossa série de reportagens tinha data para ir ao ar. Não era de praxe o editor-chefe do *Jornal da Record* definir a data de exibição das séries especiais ao mesmo tempo que definia o tema a ser abordado nas reportagens. Mas essa decisão de estipular uma data para colocar a matéria no ar era uma mensagem clara de que eu já tinha o que chamamos em jornalismo de *deadline*. Essa expressão em inglês significa, literalmente, "fim da linha", a data-limite para a equipe terminar a matéria e entregar o material. O *deadline* é uma das poucas regras invioláveis do jornalismo. Não cumpri-lo é quase uma sentença de morte para um jornalista.

Com os venezuelanos vivendo o início da maior crise econômica de sua história, seis meses depois do impeachment da presidente brasileira Dilma Rousseff, a restrição de entradas e saídas do país se agravara. Rousseff e Maduro sempre tiveram uma boa relação política, como a imprensa revelou em março de 2013, durante a cobertura da apuração dos votos na eleição venezuelana. Na época, Dilma telefonou para Maduro, que havia acabado de vencer as eleições, para felicitá-lo pela vitória. A presidente brasileira manifestou "satisfação com o clima de normalidade da votação" e disse ainda "estar pronta" para trabalhar com o novo governo do país vizinho, publicou um dos jornais. O resultado apertado das eleições na Venezuela, que tornaram Maduro presidente, foi contestado pela oposição. O candidato oposicionista, Henrique Capriles, perdeu por uma diferença de 1,59% dos votos e pediu a recontagem total das urnas, o que foi apoiado pela Organização dos Estados Americanos (OEA), entidade criada nos Estados Unidos da qual o Brasil faz parte. Entre os objetivos da OEA, estão a promoção da democracia e a garantia da soberania, da paz e da justiça entre os Estados americanos. Apesar dos protestos, o Conselho Nacional Eleitoral da Venezuela anunciou a vitória de Maduro com 99,12% dos votos apurados.

A proximidade entre os governos de Dilma e Maduro ficou maior ao longo dos anos, como mostrou uma reportagem da Agência Brasil – da Empresa Brasil de Comunicação –, órgão vinculado ao governo federal, de 2 de janeiro de 2015. Dois anos antes, durante um encontro no Palácio do Planalto, o presidente venezuelano revelou o conteúdo da reunião com Dilma e anunciou o interesse de ambos em estreitar relações comerciais, ampliando os acordos de cooperação em áreas como indústria e tecnologia, tanto em âmbito bilateral como no Mercosul. "Já há iniciativas no campo alimentar, no campo farmacêutico e em outros que vão se abrir. Vamos dinamizar toda a agenda, sobretudo da cooperação econômica, industrial, tecnológica, agrícola, agroalimentar. Temos uma base muito bem construída durante doze anos desse novo tipo de relacionamento entre Brasil e Venezuela", contou Maduro depois do encontro. Ele disse ainda que "os governos de Brasil e Venezuela devem retomar as reuniões periódicas que faziam durante os governos dos ex-presidentes Luiz Inácio Lula da Silva e Hugo Chávez". Maduro agradeceu a Dilma pelo apoio do governo brasileiro contra as sanções impostas pelos Estados Unidos à Venezuela, um mês antes, em dezembro de 2014. As medidas de restrições haviam sido criticadas pelo Mercosul e pela União das Nações Sul-Americanas, publicou a agência.

Mas em 2017, depois da queda de Dilma Rousseff, a boa relação política entre Brasil e Venezuela acabou. Como ainda não sabíamos dessa ruptura, seguimos o roteiro-padrão de uma reportagem investigativa. Nossa equipe pensava em chegar ao país, gravar o que era necessário e voltar para casa em segurança, sem ser descoberta. Nosso voo sairia na manhã do dia seguinte.

Só no fim da tarde daquele mesmo dia, eu descobriria que Gilson Fredy seria o repórter cinematográfico que me acompanharia nessa "missão impossível". Gilson também enfrentaria o maior desafio de sua carreira, mas, assim como eu, não havia descoberto isso ainda... A partir de agora, tínhamos pouco tempo. Mais precisamente, a metade de um dia para voltar para casa, arrumar as malas, fazer uma breve apuração pela internet, dormir e seguir em direção ao aeroporto bem cedo. E dormir foi o que a gente menos conseguiu fazer naquela noite.

O voo de São Paulo a Caracas foi tranquilo, mas um detalhe chamou atenção: Gilson e eu éramos os únicos brasileiros no avião. O turismo na Venezuela estava caminhando para o fim quando desembarcamos no país. Com poucos aeroportos e com a crise que se enfrentava sob o comando de Nicolás Maduro, havia poucas companhias aéreas indo para lá. Desde que Maduro assumira o poder, em 2013, o país passou a afundar na crise política e econômica que havia começado no governo do seu antecessor, Hugo Chávez.

Durante os catorze anos em que se perpetuou no poder, Chávez explorou a venda do petróleo, principal riqueza do país. A venda do petróleo fortaleceu a economia venezuelana. Houve um tempo em que viajar para a Venezuela era como ir para a Europa, mas, com a morte do então presidente, a ascensão de Maduro e a desvalorização do petróleo no mercado internacional, a oposição ao governo chavista ganhou força. Em 2014, os opositores denunciavam abusos de poder cometidos pelo presidente eleito e o culpavam pela crise econômica que se agravava com a queda do valor do barril do petróleo no mundo. Sem dinheiro nem investimentos em outros setores para salvar a queda na arrecadação, o governo parou de comprar itens básicos, como alimentos. As prateleiras dos mercados ficaram vazias de repente. Em 2017, em represália às ações autoritárias de Maduro, o governo norte-americano liderado por Donald Trump impôs sanções à Venezuela, que foi forçada a reduzir ainda mais a exportação de petróleo e enfrentar uma crise cada vez mais grave.

Na teoria, menos empresas voando até lá significava aeronaves mais cheias. Não foi o caso, mas só paramos para pensar nisso depois. No fundo, estávamos empolgados e ansiosos para conseguir realizar a reportagem investigativa e voltar para casa. Era nossa chance de emplacar uma grande matéria. E jornalista, quando sente cheiro de furo de reportagem, ninguém segura. Ouvi isso num filme...

Na Venezuela, os turismos de praia e de aventura sempre foram os mais procurados pelos visitantes antes do início da ditadura. Para um turista chegar ao litoral, é possível desembarcar na capital e pegar uma condução até as cidades de praia ou pousar em uma das ilhas com um avião de pequeno porte que sai do aeroporto de Caracas. A outra forma é pelo mar, mesmo. De barco, dá para chegar ao arquipélago de Los Roques, no Caribe venezuelano, mas infelizmente, esse não era o nosso caso... Como tínhamos chegado de avião pela capital venezuelana, nosso plano era conseguir nos misturar aos turistas ali mesmo para entrar no país, pois não tínhamos visto de trabalho para realizar uma investigação jornalística, por questões óbvias (já que nosso trabalho incluía investigar também o governo local).

Quando desembarcamos no aeroporto Simón Bolívar, em Maiquetía, a 32 quilômetros da capital venezuelana, a primeira sensação foi a de que seria difícil passar pela imigração. Logo no desembarque, quando fomos até a esteira de bagagens, um "contratempo", por pouco, não atrapalha nossa investigação. Gilson havia levado um monopé, que mais parecia um taco de beisebol. (O monopé é um equipamento importante para dar sustentação e firmeza à câmera na hora de registrar as imagens.) Como usávamos uma câmera de mão, daquelas pequenas para não levantar suspeita, mas que não tem muita estabilidade, o suporte seria usado para evitar que as imagens gravadas ficassem "tremidas". O monopé é menor e mais leve que o tradicional tripé (com três pernas de apoio), mas o problema é que esse acessório precisou ser despachado antes do embarque no Brasil. Como é uma bagagem considerada "fora do padrão" pela companhia aérea, demorou cerca de trinta minutos para chegar até a esteira de bagagens. Provavelmente, foram analisar o tal equipamento. E nós ficamos ali, sozinhos, na frente da esteira. Era tudo de que a gente não precisava.

Por conta dessa demora, quando o equipamento apareceu, todos os passageiros do voo já haviam recolhido suas bagagens e passado pela alfândega. Como fomos os últimos a passar pela fiscalização, foi inevitável sermos abordados por um dos agentes de imigração. Minha preocupação começou ali. O agente, desconfiado, pediu para abrir nossa bagagem e perguntou o motivo da nossa viagem à Venezuela. Foram segundos de nervosismo, que mais pareceram dias. Tensão. A ideia de passar por turistas em férias foi por água abaixo quando o agente viu nossos equipamentos de filmagem dentro das mochilas. Eu só pensava nas câmeras e nos cartões de memória – afinal, não podia perder a única maneira de registrar e arquivar nosso material. Nessas horas, o cérebro desenvolve uma velocidade impressionante, e minha resposta saiu com total segurança, como se fosse verdade: "Somos jornalistas e temos um site de gastronomia. Estamos em viagem pelo mundo para mostrar a culinária local". Tive que improvisar. Afinal, se ele colocasse nosso nome em qualquer site de busca na internet, seria fácil descobrir nossa atividade no Brasil. Não me pergunte de onde tirei essa ideia tão rápido. Como se não desconfiasse mais, o funcionário riu. Depois, deu indicações de onde comer bem e barato na cidade. Ensinou aos dois "jornalistas brasileiros de gastronomia" como chegar e o que pedir em cada restaurante. Dias depois, nós até seguimos uma dessas dicas, e a comida era ótima! À primeira vista, o agente da imigração acreditou na nossa história, e recebemos passe livre para entrar. Na bagagem, Gilson e eu levávamos roupas, duas câmeras, dois microfones, baterias, um notebook, dois aparelhos de telefone celular e, claro, os cartões de memória. Tudo isso e uma vontade imensa de conseguir cumprir nossa missão. Mas ainda faltava um pequeno e fundamental detalhe: dinheiro.

Tínhamos apenas dólares americanos, fornecidos pela emissora. Uma verba de produção para os gastos diários. Mas ter apenas dólares na carteira não ajudava muito em um lugar como a Venezuela, já que o país se encontrava em crise financeira e o dólar era mais raro do que ouro. Além de ter um valor muito alto diante do bolívar – ou peso bolivariano –, a disputa política entre Venezuela e Estados Unidos fez a moeda americana praticamente desaparecer do mercado local. Trocar dólares por bolívares era uma missão muito difícil, coisa que só descobrimos ao passar pela imigração. Na casa de câmbio do maior aeroporto do país, não havia bolívares suficientes para trocar a pequena quantia de dólares que havíamos levado, por isso trocamos só cem dólares – o que já era "coisa de rico". Tentar *"cambiar"* (trocar), como dizem os venezuelanos, era quase uma falta de respeito. Descobriríamos isso com maior intensidade dias mais tarde, mas, naquela hora, dentro do aeroporto, precisávamos dar um jeito de conseguir a moeda venezuelana.

Enquanto esperávamos na casa de câmbio, demos uma olhada em volta e só o que víamos era um saguão quase vazio. Apenas nós, dois estrangeiros, aguardávamos na janela da casa de câmbio. Ao nosso redor, somente funcionários do aeroporto e poucos passageiros. Dois homens de calça jeans e camiseta branca sem marca aparente, distantes cerca de vinte metros um do outro, trocavam olhares como se aguardassem alguém. Mas quem? Se não havia mais nenhum voo para pousar ou decolar, o que eles estavam fazendo ali?

Como repórter, preciso ser observador. Num lugar como aquele, ainda mais. Precisava desconfiar de tudo e de todos, pois o medo é o melhor aliado da segurança. O repórter precisa ver o que ninguém mais vê, mas nem sempre isso é bom. Quanto mais demorava para chegar o dinheiro, mais eu ficava angustiado. "O funcionário da casa de câmbio só pode ter ido ao Brasil buscar essas notas", pensei. Se não havia a quantia para trocar cem dólares, que risco a gente corria com tantos outros ainda no bolso? O funcionário sabia que tínhamos mais de cem dólares na bagagem. Ninguém viaja para outro país só com essa quantia. Estávamos vulneráveis. Para mim, naquele momento, qualquer um era suspeito, qualquer olhar era estranho. Avaliar o risco também faz parte do trabalho do jornalista. Afinal, a gente não queria que nada atrapalhasse nossa reportagem.

O dinheiro demorou quase uma hora para aparecer. Cem dólares se transformaram em milhares de bolívares. Era tanto dinheiro que mal cabia na mochila. O funcionário havia saído do guichê para buscar toda a quantia num cofre ou, talvez, estivesse apenas demorando para avisar sobre a nossa presença ali. Dois estrangeiros trocando muito dinheiro... Nunca vamos saber. O fato é que ainda levamos alguns minutos para receber aquele monte de notas pela pequena abertura da janela blindada da casa de câmbio. Mais expostos, impossível. A demora em sair dali me incomodava. Talvez isso fosse apenas coisa da minha cabeça, porque, para nossa surpresa, os dois homens que não faziam nada no saguão do aeroporto e estavam ali sem motivo aparente, na verdade, eram cambistas. Ofereciam a moeda local a preços mais baixos do que na casa de câmbio. Isso mesmo! Trocavam dinheiro de maneira ilegal dentro do aeroporto e na frente de todo mundo. Fomos abordados pelos dois em momentos diferentes, entre a casa de câmbio e o ponto de táxi. Podia ser apenas uma desculpa da polícia investigativa para descobrir nossa real intenção? Sim. A verdade é que nunca saberemos se fomos seguidos depois da abordagem feita pelo agente de imigração, mas, com certeza, nossa atenção redobrou a partir daquele momento e seria triplicada durante a passagem pelo país. A sensação de alívio ao atravessar a fiscalização do aeroporto contrastava com o medo de estar sendo investigado por homens de Maduro a todo momento. Mas agora estávamos dentro do país, com dinheiro no bolso e o equipamento na mala. Livres, num lugar ainda desconhecido para nós. Será que havia alguém nos seguindo? Será que a polícia havia nos deixado livres de propósito para saber exatamente o que fomos fazer no país? Nunca vamos saber... A única certeza naquele momento era de que estávamos prontos para realizar a investigação que poderia mudar o rumo das nossas carreiras e do Brasil.

CAPÍTULO 4

A CRISE NA VENEZUELA

COMO NÃO HAVIA MAIS MOVIMENTO de passageiros, foi fácil conseguir um táxi no aeroporto. Com o crescimento do desemprego no país, a maioria da população não tinha dinheiro para circular nesse tipo de transporte pela cidade. Não é tão caro como no Brasil, mas ainda assim é um artigo de luxo. A única esperança para a maioria dos taxistas era aguardar um milagre na frente do aeroporto. Um deles tirou a sorte grande: dois brasileiros numa corrida até o centro de Caracas. Nosso destino era um hotel famoso, administrado por outro brasileiro, um dos poucos lugares que ainda mantinham boa estrutura para turistas no país. A partir dali, só dava para pensar no equipamento de gravação. Nada podia falhar. Como o aeroporto fica longe do centro, tínhamos bastante tempo para observar o trajeto e tentar descobrir algumas informações sobre a cidade onde íamos passar os próximos dias. Assim como no Brasil, ninguém melhor do que um taxista para nos contar o que o povo pensava sobre o país naquele momento. Afinal, na Venezuela, poucas pessoas podem falar abertamente sobre o regime governamental, a não ser em lugares reservados como um táxi e, ainda assim, correndo o risco de o taxista ser um "militante chavista". Nós sabíamos disso, mas naquele momento qualquer informação podia ajudar a escrever a matéria ou, simplesmente, servir de ponto de partida para nossa investigação.

A Venezuela vivia um momento conturbado. O país, que tem a maior jazida de petróleo do mundo, via o dinheiro escorrer pelo ralo. O preço do produto caía vertiginosamente no mercado internacional, puxado por diversos fatores, entre eles a ascensão dos Estados Unidos na produção. Entre 2012 e 2015, graças a novas tecnologias que extraíam petróleo e gás em profundidades antes inalcançáveis, os norte-americanos aumentaram sua produção de petróleo de 10 para 14 milhões de barris por dia e se tornaram os maiores produtores mundiais, à frente de Rússia e Arábia Saudita. Quatro milhões de barris a mais por dia chegando ao mercado! Imagine como isso não afetou a lei básica da economia: oferta *versus* procura. Os Estados Unidos, maiores consumidores de combustíveis fósseis do planeta, passaram a depender cada vez menos das importações de petróleo. O avanço da tecnologia mudou o mercado internacional e, principalmente, a economia dos países que dependem do "ouro negro", como a Venezuela. O aumento da produção no Iraque, o retorno do Irã ao mercado depois do fim do embargo, a descoberta da bacia do pré-sal no Brasil, entre outros, também ajudaram a derrubar o preço da commodity.

O problema na Venezuela era que a produção de petróleo respondia por 96% da receita que vinha da exportação. Mas a crise no país, que se agravou em 2013 após a ascensão de Maduro ao poder, começou no governo de seu antecessor e padrinho político, Hugo Chávez. Ex-paraquedista do Exército venezuelano, Chávez se manteve à frente da presidência por catorze anos e nesse período – desde 1999 – surfou no preço da commodity e conseguiu aumentar o Produto Interno Bruto (PIB) do país, ampliando a distribuição de renda, reduzindo a fome e a mortalidade infantil. A política chavista atraía uma grande parcela da população ávida em defendê-lo. Em paralelo a isso, Hugo Chávez tomou decisões controversas, como aparelhar o Supremo Tribunal com apoiadores. Ele nomeou para a corte mais de doze ministros adeptos do chavismo e conseguiu aprovar pequenas reformas que o ajudaram a se manter no poder. Assim, conseguiu apoio no Congresso e venceu quatro eleições presidenciais. Na esteira do controle político, Chávez promoveu a perseguição a opositores e ordenou a prisão de quem demonstrava publicamente ideias contrárias às políticas chavistas. A relação tumultuada com a oposição levou a uma tentativa malsucedida de golpe em 2002.

Antes de morrer, em 2013, Chávez já havia indicado Nicolás Maduro como seu sucessor. Ex-motorista de ônibus, Maduro ingressou na militância ao se tornar líder do sindicato que defendia os direitos trabalhistas dos motoristas, o que o fez se envolver com a política em 1990, quando conheceu Chávez após ingressar no Movimento Bolivariano Revolucionário 200. Dois anos depois, Maduro ajudaria Chávez a realizar um golpe fracassado contra o presidente da Venezuela na época, Carlos Pérez. Depois da prisão de Chávez e outros militares que participaram do movimento, Maduro participou ativamente nos protestos pela libertação do amigo. Participou também, anos mais tarde, da fundação do Movimento Quinta República – MBR-200, partido responsável por lançar Hugo Chávez à presidência da República em 1998. Catorze anos depois, após a morte do antecessor, Nicolás Maduro venceu a disputa política numa decisão controversa por diferença de 1,59% dos votos em relação ao candidato da oposição, Henrique Caprilles, o que levou a questionamentos nacionais e internacionais, com acusações de falta de transparência no processo eleitoral e na condução da administração pública quando assumiu a presidência durante o tratamento de Chávez que aconteceu, na maior parte, em Cuba. No período de afastamento de Chávez, Maduro se manteve no poder interinamente e estreitou ainda mais os laços com os militares que apoiavam o movimento chavista. Ou, pelo menos, os oficiais de alta patente. As denúncias sobre os comandantes do Exército que enriqueceram durante o chavismo surgem até hoje, quatro anos depois de nossa equipe ser presa por fazer jornalismo no país.

Maduro manteve a perseguição contra opositores iniciada por Chávez. As acusações eram as mais estapafúrdias: espionagem, terrorismo, incitação à ordem pública, atentados à propriedade, associação criminosa, incêndio... O oposicionista Leopoldo López, por exemplo, foi condenado a treze anos, nove meses e sete dias de prisão por fomentar protestos contra Nicolás Maduro em 2014. López é formado em economia, tem mestrado pela Universidade de Harvard e passou mais de três anos preso na Venezuela até que Maduro, pressionado por protestos populares, lhe concedesse prisão domiciliar para acalmar os ânimos. Meses depois, porém, o presidente voltou a perseguir o opositor, que passou a ser considerado foragido da Justiça. Enquanto escrevo este livro, López permanece morando na embaixada da Espanha em Caracas, impedido de voltar para casa.

O país ainda haveria de sofrer outro duro golpe: a petrolífera do país, a PDVSA, enfrentava seguidos escândalos de corrupção. Poucos meses antes da nossa chegada, em 2017, a direção da estatal havia sido acusada de comandar um suposto esquema de irregularidades na contratação das empresas que transportavam o combustível para fora do país. Havia suspeitas de que a gasolina mais barata do mundo fazia parte de um negócio lucrativo para contrabandistas. Brotavam, na imprensa mundial, notícias sobre esquemas criminosos que levavam combustível de maneira ilegal para outros países. As quadrilhas se aproveitavam dos mais de 2 mil quilômetros de fronteiras entre a Venezuela e a Colômbia para atravessar com o combustível. O petróleo saía da Venezuela, mas o dinheiro da venda não ia para os cofres públicos. Muito menos se transformava em benefícios para a população. Sem capital estrangeiro entrando no país, a sobrevivência dos venezuelanos passava a depender da produção interna. Como os governos chavistas investiram apenas na produção do petróleo, a situação econômica começava a se complicar. Em outubro de 2016, a crise na Venezuela ficou insustentável.

Dois meses antes da nossa chegada, em dezembro do mesmo ano, o ditador Nicolás Maduro havia anunciado uma série de medidas para combater a crise econômica. Entre elas, impedir o possível contrabando de dinheiro que o governo afirmava ter descoberto após dois anos de investigações. Segundo os investigadores de Maduro, os supostos contrabandistas colombianos fariam parte de uma máfia que trazia de volta ao país notas de dinheiro que já haviam sido retiradas de circulação na Venezuela. O governo dizia que os contrabandistas colombianos aproveitavam o câmbio vantajoso e compravam produtos subsidiados no lado venezuelano para revender na Colômbia. Com essa suposta descoberta do governo, Maduro mandou fechar a fronteira com o país vizinho até que as novas cédulas começassem a circular no país. As notas de cem bolívares (as mais altas em circulação no país até então) deram lugar às cédulas que multiplicaram em até duzentas vezes esse valor. Com essa mudança na moeda, os venezuelanos podiam ter no bolso notas de até 20 mil bolívares, diferentes das notas contrabandeadas. A decisão do governo de trocar os valores das cédulas e fechar a fronteira em meio a uma crise econômica agravou ainda mais a situação. O fechamento prejudicou venezuelanos que tentavam comprar remédios e comida na Colômbia para escapar do grave desabastecimento que afetava a maioria da população venezuelana.

Os problemas na economia aumentavam paralelamente à crise política. Assim como havia acontecido pouco tempo antes no Brasil, governo e oposição também trocavam acusações de "golpe de Estado" na Venezuela. Era uma guerra política pelo poder. O apoio dos militares ao governo Maduro garantia vantagem bélica; diferentemente do que aconteceu no Brasil, quando a ex-presidente Dilma Rousseff foi acusada de cometer fraude fiscal e sofreu um processo de impeachment, na Venezuela o governo tinha completo domínio sobre o Congresso.

Enquanto Gilson e eu seguíamos no táxi para o hotel, era inevitável pensar qual seria a relação entre Brasil e Venezuela. O que se sabia era que os governos de Lula e Chávez e, posteriormente, seus sucessores, demonstravam uma boa relação. No período em que Lula esteve no poder, fez 87 viagens a onze países da América do Sul, além da Guiana Francesa, como publicou o jornal O Globo.[1] À Argentina, o presidente brasileiro foi dezenove vezes. A Venezuela foi o segundo país mais visitado por Lula: treze vezes. A relação com o país venezuelano era intensa, e a política externa do governo Lula buscava dar influência e notoriedade internacional ao Brasil. Mas como a Venezuela ajudava o Brasil a se vender lá fora? Será que era só isso? Como jornalista, era inevitável pensar nisso.

A história dos dois países durante os governos "lulistas" e "chavistas" levantava outras dúvidas, e nós não podíamos deixar isso passar despercebido. Ao mesmo tempo que Chávez e Maduro planejavam o futuro dos chavistas no poder venezuelano, Lula foi reeleito duas vezes no Brasil e também já havia conseguido reeleger uma sucessora: Dilma Rousseff. A primeira mulher eleita presidente do Brasil comandava o país com apoio popular, assim como Chávez na

---

1. DAMÉ, Luiza. Nos oito anos de governo, presidente Lula visitou 84 países. *O Globo*, 4 de novembro de 2011. Disponível em: https://oglobo.globo.com/politica/nos-oito-anos-de-governo-presidente-lula-visitou-84-paises-2905980. Acesso em: 30 abr. 2021.

Venezuela. Representantes do mesmo partido, o Partido dos Trabalhadores (PT), Lula e Dilma ficaram à frente do governo brasileiro entre 2003 e 2016. Os dois foram reeleitos. Com a queda da então presidente Dilma, dois anos depois da reeleição, o vice-presidente da chapa eleita assumiu o poder: Michel Temer.

O impeachment aconteceu depois de duas votações polêmicas no Congresso. A primeira na Câmara dos Deputados e a segunda no Senado. Nessas votações, os parlamentares mais pareciam tentar fazer autopropaganda que participar da decisão que definiria o futuro de mais de 200 milhões de brasileiros. Pouco tempo depois, Temer foi suspeito de ter atuado para derrubar Dilma e passou a ser acusado pelo PT de ser um dos articuladores de um golpe para assumir o poder. O ex-presidente negou ter apoiado a saída de Dilma, mas, coincidência ou não, a ascensão repentina de Temer estremeceu a até então boa relação entre Brasil e Venezuela. Pouco tempo depois, Maduro decidiu retirar o embaixador venezuelano do Brasil, e, em resposta, Temer fez o mesmo com o embaixador brasileiro na Venezuela. O reflexo disso na nossa viagem foi enorme. A saída do embaixador brasileiro do país significava que, no momento em que seguíamos para o hotel Pestana em Caracas, Gilson e eu estávamos longe de casa, sem pai nem mãe.

No trajeto entre o aeroporto e o hotel, foi mais fácil entender o que acontecia no país. Pela janela do táxi, víamos ruas sujas, cheias de pichações e buracos, veículos antigos circulando pela capital. Muita gente vivendo nas ruas. No meio da manhã, venezuelanos vagavam sem rumo. Olhares vazios. Para quem já havia desistido de procurar por um emprego, restava contemplar a paisagem desgastada da cidade bucólica. Construções antigas. Fachadas destruídas. Era como se entrássemos num lugar parado no tempo. O que vimos no caminho revelava ainda um país dividido. De um lado, muros com desenhos de Hugo Chávez e dizeres dos que idolatravam o ex-presidente, os chamados "chavistas". Do outro, as frases de quem era contra as ideias dos governos de Chávez e Maduro. Eram muitos os protestos contra o projeto de poder que já durava quase vinte anos.

Hugo Chávez e Lula mantinham uma relação quase que de amizade. A denúncia, que dera origem à nossa investigação, apontava o ex-presidente brasileiro como um dos responsáveis por permitir o envio de dinheiro público para financiar as campanhas políticas de Chávez na Venezuela. O esquema teria durado até 2013, dois anos depois de Dilma ter assumido a presidência no Brasil, com o dinheiro sendo enviado por meio de empréstimos do BNDES. A denúncia que recebemos apontava o banco como a instituição financeira que servia para legalizar o dinheiro do suposto esquema. Segundo a denúncia, o dinheiro saía do banco para as mãos de empreiteiras brasileiras para a realização de obras no exterior. As supostas obras faziam parte de parcerias público-privadas entre Brasil e Venezuela, mas não teriam saído do papel. Com isso, o dinheiro emprestado de maneira legal do Brasil para a Venezuela era dividido entre as empreiteiras, os governos chavistas e os governos brasileiros para financiar campanhas políticas e se perpetuar no poder. Mas a denúncia precisava ser comprovada.

Nossa missão, portanto, era tentar descobrir se a informação que recebemos era verdadeira e onde estariam as "pontas soltas" nesse esquema, se é que havia alguma. Um trabalho incerto e arriscado. Desde o início, sabíamos que não seria fácil. Afinal, crime do "colarinho branco", quando acontece, não costuma deixar rastros... Muito menos pistas escancaradas. Mas não existe crime perfeito. O que eu e o cinegrafista Gilson víamos pela janela do táxi era uma cidade não em construção, mas sim em decadência. Isso dava ainda mais força à denúncia.

Para nossa surpresa, quando chegamos ao hotel, a situação era, aparentemente, bem melhor do que a que tínhamos visto pela cidade. Quarto bonito, limpo, decoração elegante. Como uma ilha paradisíaca fora do mundo real. Mas a realidade logo se revelaria. Deixamos as malas e saímos para conhecer a região. No caminho até um restaurante, o taxista nos avisou sobre o "toque de recolher" na cidade. A orientação era evitar sair do hotel depois das sete da noite. Fazer isso era muito arriscado, principalmente para dois estrangeiros. Se, em algum momento, ficamos desconfiados sobre o perigo que poderia haver durante a nossa passagem pelo país, a dúvida não existia mais. Mas a gente precisava se localizar e saber por onde começar a investigação.

CAPÍTULO 5

PELAS RUAS DE CARACAS

DESDE QUE SAÍMOS DE SÃO PAULO PARA CARACAS, Gilson e eu discutíamos uma estratégia para provar a denúncia que, posteriormente, daria origem à nossa série de reportagens. A primeira missão era encontrar as obras púbicas prometidas pelos governos de Chávez e, depois, de Maduro. As principais obras se referiam a melhorias no transporte público. Com o crescimento populacional na Venezuela, surgira a necessidade de repensar o sistema de transportes para desafogar o trânsito nas grandes cidades e melhorar a vida dos cidadãos que precisavam viajar longas distâncias até o local de trabalho. Os governos chavistas prometeram reformar e aumentar o metrô de Caracas, além de construir estradas e pontes em cidades do interior. Santa Cruz de Mara, no estado de Zulia, seria uma das cidades contempladas com uma imensa ponte sobre o lago de Maracaibo, um dos maiores do país. As promessas geravam esperança na população, cada vez mais sofrida e desesperada por mudanças. Foram diversas promessas, ano após ano... A estratégia funcionou durante as campanhas políticas de Chávez e, após sua morte, nas campanhas de Maduro. A denúncia que investigávamos apontava que parte do dinheiro brasileiro do BNDES era destinada para essas obras, mas terminava nas campanhas políticas. O acordo de parceria público-privada entre Brasil e Venezuela seria uma maneira de conseguir a aprovação do banco para liberar os recursos que garantiriam o cumprimento das promessas de campanha do presidente venezuelano, mas, segundo a denúncia, as obras prometidas nunca saíam do papel ou eram superfaturadas. A maioria permanecia inacabada. Os venezuelanos estariam sendo enganados com a ajuda do governo brasileiro, e tínhamos que investigar essa situação.

O BNDES foi criado na década de 1950, mas não tem correntistas como os bancos de varejo. Surgiu para gerar renda para o Brasil através de empréstimos bancários em âmbito nacional e internacional. É por meio do BNDES que o Brasil também empresta dinheiro a países que precisam realizar obras de urbanização e infraestrutura e, em troca, recebe o valor emprestado corrigido por uma taxa de juros mais baixa do que a oferecida no mercado. O acordo de parceria com os países previa algumas cláusulas para que o dinheiro fosse liberado. Entre elas, a obra deveria empregar mão de obra brasileira e usar maquinário produzido no Brasil, o que garantiria, além do dinheiro corrigido de volta, a geração de emprego e renda para nossos cidadãos. A facilidade de pagamento atraía o interesse de nações em desenvolvimento como a Venezuela. O país alegava que não tinha, na época, dinheiro em caixa para realizar obras faraônicas necessárias para o desenvolvimento e, portanto, precisava de um empréstimo a longo prazo.

Os empréstimos do BNDES fazem com que o Brasil consiga injetar dinheiro estrangeiro na economia brasileira, mas, segundo a denúncia, o banco emprestaria dinheiro ao governo venezuelano por meio das construtoras brasileiras sem análise técnica. Essa análise deveria ser feita por técnicos brasileiros que avaliariam se o país beneficiado pelo empréstimo teria condição de pagar a dívida no prazo previsto no contrato. Na prática, o que isso significaria? Podia significar que o Brasil estava emprestando dinheiro público sem contrapartida, para desenvolver o país vizinho, e que esse dinheiro estaria sendo desviado para políticos e empresários. Ainda de acordo com a denúncia, a verdadeira contrapartida do governo venezuelano era garantir que as empreiteiras brasileiras, como a Odebrecht, ganhassem supostos processos de licitação para realizar as obras no país. Com os recursos do BNDES em mãos, as construtoras brasileiras montavam os canteiros de obras com tapumes e placas com os nomes das empresas responsáveis, mas as obras eram fachada. Com isso, as construtoras lavavam o dinheiro público brasileiro em terras estrangeiras sem se preocupar com a fiscalização do Brasil, bem mais rigorosa do que a da Venezuela. Ou seja, as empreiteiras tinham o objetivo de tentar esconder as obras com ajuda do governo local, receber o dinheiro e usá-lo para outros fins. Seria um esquema difícil de comprovar, já que não tínhamos autorização para entrar nos canteiros de obras e muito menos apoio do governo local.

Durante nossa investigação na Venezuela, encontramos os nomes de três empreiteiras brasileiras nos letreiros de obras inacabadas: Odebrecht, Andrade Gutierrez e Queiroz Galvão. As mesmas empresas que haviam ficado ainda mais conhecidas no Brasil por suspeitas de corrupção em obras públicas depois dos vazamentos da Lava-Jato, a maior operação contra corrupção da história do país, encerrada meses antes do lançamento deste livro, em fevereiro de 2021, no governo de Jair Bolsonaro. Na Venezuela, as obras se arrastaram por muitos anos, e a maioria nunca foi concluída.

Mas, antes de sair do hotel para mapear a cidade e visitar as obras, testamos os equipamentos. Na mochila, microfone, câmera, cartão de memória e baterias. Saímos prontos para gravar a reportagem. Ainda não havia nada previsto ou agendado pela nossa produção, mas a gente tinha que estar preparado. Dali para a frente, tudo poderia acontecer. Enquanto a produção no Brasil corria atrás de entrevistados e informações que poderiam nos ajudar na investigação, Gilson e eu fomos atrás da história *in loco*. Nosso primeiro destino foi o metrô de Caracas. Segundo a denúncia, só para a obra de extensão da linha 5 do metrô da capital, o Brasil destinara 2,2 bilhões de reais por meio do BNDES. Quando chegamos à estação mais próxima ao hotel, em fevereiro de 2017, uma multidão se aglomerava para aguardar a chegada da composição. Claramente não havia como transportar tantos passageiros com o fluxo de composições colocadas à disposição da população. Nossa gravação começava ali.

Com uma câmera de mão, Gilson registrou o tumulto e as filas para entrar no metrô num dia útil. As portas das composições praticamente não fechavam de tanta gente. Saquei o microfone de mão (aquele que tem o símbolo da emissora e a espuminha na ponta) e comecei a entrevistar quem aguardava na fila em plena plataforma. Meu medo de ser visto pelos vigilantes do metrô era tão grande que, na hora de entrevistar as pessoas, eu me preocupava em sempre ficar de costas para as câmeras de segurança e segurar o microfone abaixo do pescoço. Os venezuelanos reclamavam muito que o governo não havia cumprido com o prometido e as estações, em obras há muitos anos, só atrapalhavam a vida de quem precisava do transporte. O discurso da população era sempre o mesmo. Não encontramos quem defendesse o governo. Embarcamos no metrô numa viagem entre três estações. Curta, mas suficiente para entender o que acontecia no sistema de transportes subterrâneo. Para chegar em casa depois de um dia de trabalho, os venezuelanos desembarcavam na estação e seguiam quilômetros a pé ou de ônibus para terminar o percurso, e o ônibus não fazia integração com o metrô. Mais uma falha do caótico sistema de transportes venezuelano.

O primeiro anúncio da conclusão da linha 5 do metrô de Caracas fora feito nove anos antes da nossa chegada, em 2008, pelo então presidente Hugo Chávez. Mas, até aquele momento, a empreiteira brasileira Odebrecht só havia terminado duas estações prometidas. Levou tanto tempo que a segunda estação só foi inaugurada em 2015 por Nicolás Maduro, dois anos após a morte de Chávez. A obra da Odebrecht ligou as estações de Bello Monte e Zona Rental. Um trecho de 1,5 quilômetro de extensão. A nova promessa de Maduro era terminar toda a obra em até dois anos, mas isso nunca aconteceu. Em 2017, ainda faltavam seis estações das linhas 5 e 2 do metrô. Quanto mais o tempo passava, mais dinheiro brasileiro era injetado no projeto. De acordo com a denúncia, das dez obras mais caras financiadas no exterior pelo BNDES, quatro estão na Venezuela e, juntas, somavam 10 bilhões de reais até então. O banco brasileiro teria destinado, somente ao projeto do metrô de Caracas, 3,5 bilhões de reais. Mas os números totais são nebulosos. Não há transparência por parte do governo. Até hoje, enquanto escrevo este livro, em meados de 2020, as obras permanecem inacabadas.

Enquanto percorríamos a cidade de Caracas atrás das obras das empreiteiras brasileiras, nossos bolívares acabavam rápido. Não era fácil trocar o restante de dólares que ainda tínhamos pela moeda local, cujas notas sumiam com uma rapidez impressionante. Para comprar um simples sanduíche, por exemplo, era preciso uma mochila cheia de dinheiro venezuelano. A comida custava uma fortuna na moeda local, o que já demonstrava como o crescimento da inflação empurrava a economia do país ladeira abaixo, como um caminhão sem freio. A moeda venezuelana desvalorizava cada dia mais rápido. Na semana em que estivemos no país, vimos o bolívar despencar no mercado internacional abruptamente – quase sempre empurrado pela queda do petróleo, devido à crise entre Irã e Arábia Saudita, às preocupações com o crescimento da China e ao não mais inesperado estoque de barris nos Estados Unidos que não parava de crescer, mas também pelas inúmeras ações equivocadas do governo de Maduro. Como o petróleo é a principal fonte de renda do país, representando um terço de todo o PIB, a queda do preço do barril nas bolsas de valores pelo mundo abalava, consideravelmente, a economia venezuelana a ponto de o país registrar uma redução de 37% no PIB entre 2013 e 2017, segundo o Fundo Monetário Internacional (FMI). Para o ano seguinte, 2018, a previsão era de mais 15% de queda. Desde que assumira a presidência em 2013, Maduro não havia investido em outras fontes de produção para alavancar as exportações e fazer o dinheiro estrangeiro entrar no país para tentar salvar a economia. O governo manteve a política do antecessor e ficou dependente apenas do petróleo. Paralelamente, as denúncias de corrupção na PDVSA dificultavam ainda mais a situação do país.

As suspeitas de corrupção envolvendo a estatal e o governo de Maduro aumentaram a crise política na Venezuela, agravaram a crise econômica e diminuíram a popularidade do governo, que havia começado a despencar anos antes. Apenas os mais fanáticos ainda mantinham a paixão cega pelos líderes chavistas. Aliás, é comum que o ser humano veja a parte em lugar do todo, principalmente quando a parte inclui a si mesmo. As políticas assistencialistas de Chávez e a proximidade com as forças armadas trouxeram ao ex-presidente uma popularidade que Nicolás Maduro teve dificuldade de manter com o eleitorado. Sob a administração de Maduro, a Venezuela enfrentou o aumento da fome e da miséria. De acordo com o FMI, a inflação atingiu 1 milhão por cento em 2017, e o salário mínimo chegou ao equivalente a 77 reais. Um levantamento da Universidade da Venezuela, em conjunto com a Universidade Católica Andrés

Bello e a Universidade Simón Bolívar, mostra que, naquele ano, 61% dos venezuelanos entrevistados dormiam com fome e 64% perderam onze quilos ou mais por falta de comida. A pesquisa ouviu mais de 6 mil pessoas entre 20 e 65 anos. Segundo a ONU, desde 2015 mais de 3 milhões de pessoas deixaram a Venezuela em busca de emprego e melhor qualidade de vida em outros países. Era o início de uma migração sem fim. A maior parte dos venezuelanos atravessou a fronteira para a Colômbia e se espalhou por países como Equador, Peru e Argentina. Muitos vieram para o Brasil. Segundo a Comissão Interamericana de Direitos Humanos, durante o governo de Maduro, entre 2015 e 2019, sete em cada dez crianças venezuelanas de até cinco anos passaram a sofrer de desnutrição.

Chávez havia pautado suas campanhas no combate à pobreza extrema com uma política de inclusão social por meio da transferência de renda. De acordo com o Instituto Nacional de Estatísticas da Venezuela, em 1999, 20% dos venezuelanos viviam na extrema pobreza. Em 2007, esse índice havia caído para 9,5%. Nos catorze anos em que se manteve efetivamente na presidência, até sua morte em 2013, o governo Chávez usou parte da arrecadação da estatal PDVSA, com a venda dos barris de petróleo, em projetos sociais, educação e infraestrutura. Com isso, segundo o Instituto, contribuiu para reduzir a pobreza no país de 49,4% em 1999 para 27,8% em 2010. As mudanças haviam sido implantadas por Chávez, como é contado neste trecho da *Enciclopédia Latino-Americana*:

Graças à revolução bolivariana, a riqueza gerada pelo petróleo passou a ser revertida à população venezuelana e à região. Os programas sociais do país são, em grande parte, financiados pela PDVSA. Entre 2004 e 2010, a estatal contribuiu com US$ 61,4 milhões. Em 2012, investiu US$ 17,3 milhões e, em 2013, US$ 13 milhões. Desde 2005, o governo utiliza o preço do barril de petróleo como parâmetro para tais investimentos. Dessa cotação, US$ 36 são destinados a compromissos e projetos em infraestrutura da PDVSA. O restante vai para o Fundo Nacional de Desenvolvimento e para o Fondespa, destinado às obras sociais. Em seu primeiro ano, por exemplo, o Fondespa contou com um caixa de US$ 2 milhões.[1]

Desde sua ascensão ao Palácio de Miraflores, sede do governo venezuelano, até o fim da vida, Chávez foi idolatrado por uma parte do país. O "comandante" (como é chamado até hoje) se afastou do cargo devido a uma doença e abriu espaço para que o vice-presidente, Maduro, assumisse a presidência interinamente em 2012. Mas Chávez já havia criado um ambiente favorável à crise política, o que levou o governo a uma perda de popularidade ao longo dos anos. No longo período em que ficou no poder, Chávez ganhou popularidade com as políticas sociais, mas se cercou de apoiadores políticos que

---

1. COSTA, Antonio Luiz M. C. PDVSA. *Enciclopédia Latino-Americana*. Disponível em: http://latinoamericana.wiki.br/verbetes/p/pdvsa. Acesso em: 12 abr. 2021.

garantiam carta branca para o "comandante" definir o futuro do país.

Em 1999, um ano depois de ser eleito presidente, Chávez, coronel da reserva do Exército, lançou a Revolução Bolivariana, que começou com uma Assembleia Constituinte, a fim de escrever uma nova Constituição na Venezuela. Nessa época, Chávez tinha 70% de aprovação popular. Em 2000, conseguiu aprovar uma nova eleição presidencial e legislativa no país, se reeleger presidente e conquistar a maioria dos assentos na Assembleia Nacional. As ações prejudicaram a popularidade do presidente. Segundo notícia da Agência Reuters, publicada em 18 de dezembro de 2010 no site do Senado Federal brasileiro, a Assembleia Nacional Venezuelana aprovou naquele ano a Lei Habilitante, que dava a Chávez autoridade de governar por meio de decretos por dezoito meses sem consultar a própria Assembleia.[2] Poderes jamais conferidos a um presidente. A lei permitia que Chávez abrisse caminho para as mudanças que desejasse antes das eleições de 2012, a fim de retomar a popularidade, e ainda aprovasse qualquer medida socioeconômica para consolidar o projeto dele, que ficou conhecido como "Socialismo do Século XXI". Entre as primeiras vinte medidas de Chávez com base na Lei Habilitante, estava a expropriação de 47 fazendas privadas

---

2. REUTERS; EFE. Assembleia em fim de mandato dá a Chávez superpoderes por 18 meses. *O Estado de São Paulo*, 18 de dezembro de 2010, Internacional, p. A12. Disponível em: https://www2.senado.leg.br/bdsf/bitstream/handle/id/353243/noticia.htm?sequence=1&isAllowed=y. Acesso em: 19 abr. 2021.

entre os estados de Zulia e Mérida para atender a vítimas das chuvas. As áreas nacionalizadas, com o tamanho equivalente à cidade americana de Detroit, tinham o objetivo de "buscar recursos para a construção de moradias" e acabar com o déficit de quase 2 milhões de casas no país. Os decretos do presidente entravam em vigor antes mesmo da aprovação do Legislativo. Em doze anos de governo, Chávez teve os poderes de presidente ampliados em outras três ocasiões: por seis meses em 1999, um ano em 2000 e um ano e meio em 2007. Em entrevista à BBC Brasil, também publicada em 18 de dezembro de 2010, o então vice-presidente da Venezuela e um dos homens de confiança de Chávez, Elias Jaua, defendeu os "superpoderes" concedidos ao presidente "como um instrumento para corrigir as falhas do governo", no poder há onze anos. Um dia depois da morte de Chávez, em 6 de março de 2013, o site IG publicou diversas frases famosas do ex-presidente, entre elas a que dizia ter intenção de deixar o poder: "Claro que estou disposto a entregar (o poder em cinco anos). Já disse que até mesmo antes", declarou Chávez em dezembro de 1998, às vésperas de ser eleito presidente. Ele morreu catorze anos depois, sem nunca ter deixado o poder... Durante a Lei Habilitante de 2010, como publicado no site do Senado Federal, Chávez aprovou mais de cem leis. Entre elas, as que permitiram nacionalizar o setor petrolífero. Era com esse mesmo poder que conseguia aprovar obras sem licitação envolvendo empreiteiras estrangeiras, inclusive brasileiras. Quase sempre, as vencedoras eram empreiteiras do Brasil com histórico de grandes construções e sob o argumento de que as obras seriam feitas para melhorar a vida da população. E não era à toa: os canteiros de obras ajudaram na reeleição dos dois presidentes chavistas por muitos anos, porque passavam a impressão de que as melhorias estavam realmente sendo feitas. Assim, conseguiam popularidade e dinheiro estrangeiro ao mesmo tempo. A ideia era genial, mas podia ser criminosa. E eu suspeitava disso.

Poderia falar por horas e horas sobre como a Venezuela deu início à pior crise política e econômica da sua história, mas nossa investigação precisava descobrir se a denúncia que recebêramos era verdadeira. Havia participação do governo brasileiro nesse esquema? O dinheiro do Brasil era usado nas campanhas ou nas obras? O que havia acontecido com as obras das empreiteiras brasileiras na Venezuela? Quais eram as contrapartidas? Qual era o verdadeiro motivo da relação tão próxima entre os governos Lula e Dilma e os líderes venezuelanos? De onde vinha tanto dinheiro para financiar essas obras, se a Venezuela estava à beira do colapso econômico? Como Maduro e Chávez enriqueceram tão rápido? Para essas perguntas, ainda não tínhamos as respostas.

CAPÍTULO 6
POR TRÁS DAS LAGOSTAS

O QUE GILSON E EU SABÍAMOS era que nosso dinheiro estava acabando e a gente precisava comprar bolívares para não passar fome no país. Aliás, algo cada vez mais comum nas esquinas de Caracas. Na nossa carteira, só restavam poucos dos bolívares que havíamos trocado no aeroporto no dia anterior. Nossa preocupação era de que fosse difícil trocar os dólares nas casas de câmbio da cidade por conta da crise econômica, suspeita que ia se confirmar mais tarde naquele dia.

Minutos antes de sair do hotel, no centro da capital da Venezuela, Gilson e eu perguntamos a um recepcionista onde poderíamos comprar a moeda venezuelana com segurança. A resposta veio em tom de alerta e com certa tensão na voz: "Vou pedir ao motorista que tem o carro blindado para levar vocês até lá".

Para bom entendedor, meia palavra basta: estava claro que não se tratava de uma época tranquila na Venezuela. A sensação era de que nem os próprios moradores sabiam o que podia acontecer com dois jornalistas estrangeiros no país. Sabíamos que não seria fácil, mas não tínhamos alternativa a não ser chamar o motorista e ir até a tal casa de câmbio. O carro parou na porta do hotel. Uma caminhonete preta, com vidros escuros e blindados. Para o motorista, aquilo era normal e, para nós, também deveria ser. Afinal, estávamos num país sob uma ditadura militar... Mas não era. O carro chamava atenção, porém, como íamos retirar dinheiro, podia ser mesmo uma boa ideia ter um carro protegido. Gilson e eu entramos no veículo e seguimos até o centro de Caracas. No caminho, discutíamos sobre uma entrevista que faríamos na tarde do mesmo dia, assim que conseguíssemos sacar o dinheiro. A entrevista tinha horário agendado, e a gente não podia atrasar. Rosana havia conseguido marcar por telefone um encontro com um deputado de oposição ao governo Maduro, e, como falar mal do governo era considerado crime no país, não podíamos saber o local exato onde o deputado estaria nos esperando para a entrevista. Provavelmente ele desconfiava de nós, por não ter certeza se éramos quem dizíamos ser. E nós desconfiávamos dele, por não saber se estávamos sendo seguidos por homens do governo. Na minha cabeça, aquela podia ser uma maneira de descobrir o que realmente tínhamos ido fazer no país. E se o nosso entrevistado fosse, na verdade, um policial do governo disfarçado para nos prender? Quando a entrevista é marcada por telefone, tudo pode acontecer. Gilson e eu só sabíamos que nosso encontro com o assessor do deputado seria num edifício próximo ao centro da cidade e, de lá, seguiríamos com ele até o local da entrevista. A logística já criava um clima de tensão, e sem dinheiro tudo poderia ser ainda pior.

A casa de câmbio ficava a cerca de meia hora do hotel, numa praça no centro de Caracas. Era grande e ocupava praticamente o primeiro andar inteiro de um prédio, ao lado de uma galeria comercial. A principal casa de câmbio da região, talvez a única. Parecia uma agência bancária mediana no Brasil, mas, para os venezuelanos em crise, era até grande demais. Lá dentro, três pessoas atendiam os clientes – mas não havia nenhum além de nós. A Venezuela não recebia turistas fazia tempo, e pouca gente tinha dinheiro para comprar dólares e sair do país. Até porque não havia papel-moeda em grande quantidade para trocar. Descobrimos isso quando tentamos trocar trezentos dólares. Pode parecer uma quantia baixa para quem está em viagem ao exterior, mas, na Venezuela, eu me senti um bilionário! O olhar da atendente dizia tudo. Ela me perguntou se eu realmente gostaria de trocar tanto dinheiro de uma única vez: "O senhor vai trocar todo esse dinheiro hoje?". "Agora", respondi. A questão levantou um ponto de interrogação: será que não vamos conseguir? Era a única maneira de ter dinheiro para pagar almoço e jantar, e aquela era a maior casa de câmbio da cidade. Na hora, tive a ideia de pedir que Gilson chamasse o motorista com o carro blindado para estacionar na porta do prédio porque, pelo visto, não seria pouco dinheiro. E não estava errado. A notícia de que dois homens tentavam trocar trezentos dólares correu rápido pela casa de câmbio, talvez até pelo país... Nunca vamos saber. No fim, ficamos mais de duas horas dentro do local aguardando chegarem os malotes com o dinheiro num carro-forte. Não havia quantia tão alta no cofre. Pode até parecer impossível, mas trezentos dólares dariam para encher três malas de bolívares. Eram tantas cédulas que precisamos sair da loja para comprar uma mala na galeria da praça, além de pegar nossas mochilas, que havíamos deixado dentro do carro blindado. Ainda assim, faltou espaço. Ali, comecei a entender a real situação do país. Gilson e eu estávamos assustados. Nunca havíamos passado por uma situação parecida antes.

A saída da casa de câmbio foi cinematográfica. Um carro blindado, parado, com as portas laterais abertas, na frente da maior casa de câmbio local. Lá dentro, dois estrangeiros com duas mochilas e uma mala lotadas de dinheiro. Os bolsos, as carteiras, tudo. Não havia mais espaço para nada. Para chegar até o carro, ainda seria preciso atravessar uma praça cheia de gente de um lado para o outro, a maioria sem emprego, sem dinheiro, sem esperança, à procura de um bico para conseguir comprar o pão do dia seguinte. Talvez tenha sido um pouco de fantasia da nossa cabeça, mas as filas nas padarias davam a volta no quarteirão. O pão era contado: dois para cada cliente. Não tinha para todos. No estado em que o país se encontrava naquele momento, com uma crise econômica tão grave, todo cuidado era pouco. Antes de sair, pedi que Gilson ficasse na praça, do lado de fora da casa de câmbio, com o celular na mão, sempre de olho no aplicativo de mensagens. Eu fiquei lá dentro com duas mochilas, uma mala e os bolsos cheios de dinheiro. A gente precisava ser ágil, e assumi a parte mais perigosa do plano. Gilson tinha que me avisar o momento certo de sair pela porta rotatória, blindada, cheio de dinheiro e correr para o carro. Estava pesado. Não seria fácil. Tinha pouco espaço na porta e pouco tempo. Precisava ser no momento exato em que a praça estivesse mais vazia e Gilson sentisse menos perigo para mim e para o dinheiro. Eu confiava na avaliação dele e ele, na minha agilidade. Foram minutos de tensão. Os funcionários me olhavam como se dissessem: "Para onde ele vai com tanto dinheiro?".

Quando recebi a mensagem pelo celular, só fiz correr. Atravessei a porta blindada e acelerei o passo pelo meio da praça em direção ao carro. O motorista aguardava ansioso. Tinha medo de levar uma multa. Foram segundos de uma sensação difícil de explicar – uma mistura de tensão, agonia e força de vontade. Foi inevitável pensar na hora que essa cena, que mais parecia de um filme de Hollywood, na verdade era a vida real e ilustrava bem o enredo de uma história que ainda tentaríamos confirmar. Uma denúncia de corrupção, jogo político e muito dinheiro. Era impossível não me imaginar dentro da história e pensar como teriam sido as negociações que envolveram as construtoras brasileiras no exterior. Será que elas saíam assim, com malas cheias de dinheiro? Foram segundos de corrida, mas me senti numa maratona. Pelo menos o nosso dinheiro para almoçar e jantar estava garantido até o fim da viagem, mas antes precisávamos passar no hotel para deixar parte do dinheiro no cofre individual e não correr o risco de ficar transportando tantos bolívares de um lado para o outro.

Nossa missão do dia não havia terminado. Ainda precisávamos almoçar e encontrar o assessor do nosso entrevistado para gravar a primeira entrevista relevante da reportagem. Sem saber se o entrevistado era realmente quem dizia ser. Por isso, era melhor não arriscar. Todo cuidado era pouco. O carro arrancou pela rua movimentada, e a sensação de alívio voltou enquanto o motorista acelerava. No caminho até o restaurante, depois de sair do hotel, o motorista que nos acompanhava desde cedo contou sobre os pratos típicos do país e os restaurantes que estariam abertos com comida boa. Não demorou muito e chegamos a um deles. Chique. Estranhamente cheio. Colorido. Com decoração extravagante. Afastado do centro da capital venezuelana. Na porta, o aviso de que era proibido jantar armado. Nada acolhedor...

Um restaurante de frutos do mar, especializado em lagostas. Não parecia barato, mas como tínhamos dinheiro na bolsa e, até então, só havíamos conhecido a comida de rua... Não ia fazer mal provar um pouco da gastronomia local. Afinal, estávamos prestes a encontrar alguém que podia nos colocar numa enrascada. Aquela podia ser a nossa última refeição decente. Gilson concordou comigo e entramos no restaurante. O motorista preferiu esperar do lado de fora.

Lá dentro, nem parecia que a Venezuela vivia uma crise econômica. Mais: o ambiente revelava que, um dia, o país fora próspero. Havia vários garçons uniformizados, gente bem-vestida sentada às mesas. Grupos grandes inclusive, aparentemente de empresários. Todo mundo comendo pratos enormes de frutos do mar, bebendo vinho branco ou champanhe. Definitivamente, não era um ambiente de crise ou de falta de dinheiro. Pedimos duas lagostas, claro, que vieram abertas e com acompanhamentos. Eu já havia escutado falar que as lagostas da Venezuela eram maravilhosas. Um país com lindas praias de águas azul-turquesa e com a maior costa sobre o mar do Caribe não podia vender lagosta ruim. E não vendia. Quando os pratos chegaram, era de assustar. Cada lagosta aberta enchia uma bandeja grande, como aquelas de pão. Não conseguimos comer o acompanhamento.

A conta foi cara, mas valeu a pena. Comprei até um prato de suvenir para levar para o Brasil. Gosto de decorar minha casa com objetos que trago de outros países. Por alguns minutos, esquecemos o clima de tensão que caminhava lado a lado com a nossa reportagem. Mas era hora de seguir. Apesar do clima de aparente tranquilidade, a câmera e os cartões de memória estavam sempre guardados com a gente dentro das mochilas. Cada um levava um cartão, para não ter risco. Tudo que já havia sido gravado até aquele momento estava ali. O backup ficava no computador, guardado no cofre do hotel, o que é comum em viagens jornalísticas para garantir a preservação do material em caso de imprevistos. Agora, tínhamos uma entrevista importante para fazer e já estávamos quase atrasados. O assessor nos aguardava no endereço combinado. Nosso motorista acelerou. Foram vinte minutos por entre as ruas quase vazias de um bairro próximo ao centro de Caracas. Quando chegamos, um venezuelano bem-vestido de terno e gravata nos recebeu. Ele tinha pressa porque o deputado já havia chegado ao ponto de encontro onde faríamos a entrevista. Quase não houve tempo para apresentações. Seguimos no carro com ele em alta velocidade. Tudo me soava meio estranho. Por que tanta pressa? Quem era, afinal, o nosso entrevistado? O mistério logo se desfez. O deputado era um opositor procurado por homens de Maduro. Tinha medo de ser descoberto, por isso toda a preocupação com o lugar onde faríamos a entrevista e com o caminho que precisava ser feito para chegar lá. Era hora de correr, porque ele não podia esperar no local por muito tempo. A entrevista com o então deputado Juan Guaidó tinha que acontecer, e sem contratempos. Para a segurança dele – e a nossa também.

CAPÍTULO 7

A ENTREVISTA

UM PRÉDIO ANTIGO E BEM MOVIMENTADO. Lojas abertas no térreo. Como uma galeria comercial. Filas nas portas dos elevadores. Foi só o que vimos quando chegamos ao local da entrevista. Entramos pelos fundos para não ver o número do prédio e, assim, desconhecer o endereço onde seríamos recebidos. O assessor do entrevistado havia pedido para que não víssemos nem o número do andar em que ele nos esperava. Fazia parte do plano de segurança, já que o deputado passava a maior parte do dia ali. A preocupação com a proteção tinha uma explicação bem plausível: Juan Guaidó, naquele momento, era um dos homens mais procurados pelo governo de Maduro. Eu, Gilson e o assessor do então deputado, que havíamos conhecido momentos antes, estávamos com pressa.

 O engenheiro e deputado nacional pelo estado de Vargas Juan Gerardo Guaidó Márquez tinha 33 anos e era conhecido por ser um dos maiores opositores do governo de Nicolás Maduro. Começara a carreira política em 2007, com 23 anos, ainda no ambiente universitário. Guaidó fazia parte do movimento estudantil e militava justamente pela liberdade de imprensa. O mais jovem presidente da Assembleia Nacional da Venezuela a ocupar o cargo, naquele dia ainda era só um deputado com medo de ser preso. Mas não recuou do pedido de entrevista, mesmo sabendo o teor da reportagem. Era perigoso para ele falar sobre o assunto. Ainda assim, o deputado concordou em nos contar o que sabia desde que fosse do jeito dele, no lugar escolhido por ele, no tempo determinado por ele. Gilson e eu estávamos prestes a dar voz à oposição venezuelana, e isso era raro nos meios de comunicação do país, controlados pela ditadura. Na Venezuela, fazer oposição ao governo ditador era crime grave, e Guaidó sabia disso – o que explicava tanta preocupação com a segurança. E, quanto mais eu percebia essa preocupação, mais "caía a ficha" do perigo que corríamos.

Elevador cheio. Subimos. O edifício me lembrou a casa da minha avó em Niterói, na região metropolitana do Rio de Janeiro. Meus pais me levavam para visitá-la quase todo fim de semana. Uma velhinha de oitenta anos, olhos azuis como o mar e cabelos brancos como nuvens. Andava com dificuldade por causa da lordose na coluna. Mas sempre nos agradava com presentes. Meu irmão e eu sabíamos que dona Sônia, como gostava de ser chamada, tinha sempre uns trocados para os netos. Quando a gente estava "duro de grana", era a casa da vovó que salvava. O prédio onde entrevistaríamos Guaidó tinha o mesmo cheiro de naftalina, com corredores de paredes brancas, pilares arredondados e piso de pastilhas cinza de cinco pontas. O elevador era a única diferença entre os dois. O da vovó tinha portas gradeadas, que só se abriam à mão. Já o da Venezuela era mais moderno. Havia sido reformado recentemente. Mas os corredores eram bem parecidos, o que, subitamente, fez com que eu me sentisse na casa dela... Deus a tenha. Mas eu sabia que ali o ambiente era hostil. Afinal, eu não conhecia ninguém além de Gilson, mas precisava confiar que daria certo.

Enquanto caminhávamos pelo corredor do edifício em Caracas em direção ao apartamento onde seria feita a entrevista, a ansiedade aumentava. Eu sabia da importância de gravar uma entrevista com um deputado da oposição. Certamente, ele devia ter informações relevantes sobre os bastidores do governo que poderiam enriquecer nossa reportagem. Apesar de termos conseguido entrevistas com venezuelanos, imagens de obras inacabadas e registrado um país decadente nas ruas, precisávamos de embasamento. A entrevista de um parlamentar que vive o dia a dia da política local podia suprir lacunas que não tínhamos como preencher com imagens ou documentos. Era a voz de que a reportagem precisava para ganhar corpo. Mais do que isso: a entrevista poderia abrir portas, dar pistas e revelar caminhos para reduzir o tempo de investigação no país. Quanto mais tempo a gente ficava na Venezuela, menor era a nossa segurança.

Na porta do apartamento, não havia nenhum número de identificação, apenas uma grade na frente do portão, trancada com um cadeado grande. O assessor colocou a mão por dentro da grade. Punho cerrado. Três batidas no portão de aço. O som revelou a blindagem. Uma pessoa do outro lado pediu um código e abriu uma janelinha para confirmar quem estava do outro lado. Mas nem precisava: tudo era monitorado por câmeras de segurança. O homem abriu o portão blindado e retirou o cadeado da grade. Recebemos autorização para passar. A sensação era a de entrar num cofre. Mas, do lado de dentro, não havia dinheiro. Apenas uma mesa e uma cadeira onde o segurança sentava. Não havia móveis ou decoração nas paredes. O assessor nos levou a outra sala vazia, onde aguardamos o nosso entrevistado. Apenas uma cadeira no centro, como se fosse a sala de um interrogatório. As paredes brancas sem quadros ou móveis davam a impressão de que era fácil fechar tudo e mudar para outro endereço, caso necessário. Isso também fazia parte da estratégia de segurança. Ali também não havia luz artificial, apenas o sol que entrava pela única janela e iluminava a cadeira de madeira vazia. Enquanto aguardávamos o deputado, cujo rosto ainda nem havíamos visto, confirmei com Gilson se ele havia lembrado de colocar os cartões de memória na câmera. Parece bobagem, mas, em viagens corridas como aquela, é muito comum esquecer algum equipamento no hotel. Naquele momento, eu não podia me dar ao luxo de esquecer nada, muito menos os cartões de memória. Mas Gilson não só havia colocado os cartões como já tinha revisado todo o material gravado e testado a câmera antes de chegar à sala.

A entrevista seria feita ali mesmo, num ambiente frio. Sem cor. O entrevistado seria trazido por alguém. Juan Guaidó não estava algemado, mas o sentimento de estar em uma prisão vigiada só era quebrado pela janela aberta no centro da sala. O ar e o som da rua invadiam o ambiente vagarosamente. O então deputado nos cumprimentou e sentou-se na cadeira iluminada pelo sol. Nosso pequeno equipamento portátil de iluminação fez o que chamamos na televisão de contraluz. É uma maneira de iluminar o entrevistado por trás e marcar a silhueta dele nas lentes da câmera. A iluminação é fundamental em televisão e deixa o entrevistado mais destacado. Gilson conhecia bem a técnica.

Guaidó chegou à sala bem-vestido de blazer claro, blusa rosa-clara e calça jeans. Filho de uma família católica de classe média, o político é formado em Engenharia Industrial e pós-graduado em Gestão Pública pela Universidade Católica Andrés Bello. Havia também estudado Administração Pública no Instituto de Estudos Superiores de Administração de Caracas. Em 2011, durante o regime de Chávez, o deputado assumiu o cargo de representante suplente na Assembleia Nacional da Venezuela. Em 2013, organizou referendos para a destituição de Maduro e, em 2015, chegou a fazer greve de fome com outros opositores do governo. Um homem culto de fala baixa e jeito manso. Olhar pensativo. Era inteligente. Ficou claro que estava acostumado a dar entrevista e, principalmente, que sabia mais do que podia dizer. Em uma entrevista de trinta minutos, o deputado nos contou como o governo ditador de Maduro agia nos bastidores da política. Falou da falta de transparência nas contas públicas, das obras inacabadas, dos acordos sombrios com militares do alto escalão do exército, das suspeitas de envolvimento com guerrilheiros das Farc que comandavam o tráfico de drogas nas fronteiras e das ações do governo que colaboraram para a desvalorização da moeda. É o que consigo me lembrar daquela conversa, cujo conteúdo foi apagado pela polícia política de Nicolás Maduro. Você vai entender ao longo da história como isso salvou nossas vidas... Mas, naquele momento, ainda não sabíamos que isso iria acontecer, nem como.

É claro que as informações de uma entrevista podem dar peso à denúncia, mas sempre precisam ser confirmadas. Principalmente quando são ditas por um entrevistado que tem interesse na divulgação de uma notícia desfavorável a quem ele se opõe. Estávamos no ponto de interseção de um jogo político. Mas as informações de Guaidó eram importantes para nos ajudar a encontrar caminhos, e não tínhamos tempo para apurar e confirmar tudo que havia sido dito naquele dia. Eu precisava descobrir ali, na hora, o que era "quente" (e podia nos levar a algum lugar) e o que era apenas falácia para manchar a imagem de um governo já decadente. Esse é o nosso papel como jornalista, que requer anos de treino. No decorrer da minha vida profissional, aprendi a identificar, durante uma entrevista, algumas características nas expressões e na fala do entrevistado que ajudam a revelar se o que está sendo dito é verdade ou não. Logicamente, não fiz um estudo científico de expressões e falas nem tinha como ter certeza daquela avaliação momentânea sobre o que fora revelado por Guaidó. Mas foram anos de "erros e acertos" em muitas entrevistas, que me levaram a criar o que chamamos de "intuição jornalística". E isso, em geral, não falha. Jornalismo é vivência. Nessa profissão, a experiência ajuda. Eu sabia que não teria outra chance de entrevistar alguém com coragem de falar o que o governo não queria divulgar. Também sabia que não podia acreditar em tudo o que um deputado da oposição me diria sobre a administração que ele queria derrubar. Meu tempo era curto. Minha equipe, reduzida. Minha comunicação, restrita. Naquele momento, só tinha mesmo a minha própria apuração, alguma experiência e sorte. Era um risco. Eu sabia. Mas não tinha outra opção. Precisava apostar na ficha certa, e eram poucas. Só me restava usar a técnica de entrevista.

Quando um entrevistado está sob pressão ou não quer contar alguma informação importante que pode se virar contra ele no futuro, suas expressões e a fala mudam. A voz treme. Fica mais baixa. A fala perde o ritmo. Geralmente, as pernas ou braços se cruzam. Ele pode suar. A pessoa se coloca numa posição de defesa. Isso é instintivo. Dependendo da condução do entrevistador, até mesmo um entrevistado experiente ou que já passou pelo chamado *media training* (treinamento que ensina como se beneficiar de uma entrevista) pode enfrentar desconforto. O medo fica aparente. Senti, de cara, que Juan Guaidó estava acostumado com as câmeras e tinha coragem para divulgar informações contrárias ao governo de Maduro. Minha condução precisaria ser mais incisiva para "arrancar" o que ele não queria ou não podia falar de jeito nenhum.

Toda entrevista funciona como uma disputa de palavras e ideias, em minha opinião. Não está no manual de jornalismo, mas, como jornalista, sempre parto do pressuposto de que, se um entrevistado aceita conceder uma entrevista, faz isso porque tem interesse em divulgar alguma informação – seja ela qual for. Caso contrário, não aceitaria. Ou seja, precisa contar, explicar ou, simplesmente, desabafar algo que, de alguma forma, pode favorecer a ele ou ao meio em que vive. Claro que essa informação não é dita ao jornalista na hora em que o entrevistado aceita o convite. Não está clara na negociação. Ela vai se revelar durante a entrevista. Muitas vezes, essa informação está nas entrelinhas e, geralmente, não é a mais interessante para o público do jornal. Por outro lado, todo mundo tem um segredo, uma informação que não quer revelar. Proteger esse "segredo" é, quase sempre, a maior preocupação de um entrevistado, e ele vai tentar fazer isso até o fim. E é aí que começa a minha teoria da disputa de palavras e ideias. É o entrevistado tentando emplacar o que quer divulgar, e o jornalista tentando arrancar a informação que o entrevistado quer proteger. Tudo por meio de perguntas e respostas ou palavras e ideias. Geralmente, esse "segredo" é a notícia. Mas não é fácil descobri-lo. O jornalista precisa fazer o entrevistado falar sem perceber que falou. E isso também não se aprende no manual. É preciso traquejo, *timing*, conteúdo, velocidade de pensamento e experiência. Ainda assim, a informação pode não ser dita.

Do outro lado, havia um homem acostumado a conceder entrevistas na televisão, com informações importantes que denunciavam irregularidades do governo, ocupando um cargo público, com interesse político. A conversa nos levaria exatamente aonde precisávamos ir: às obras inacabadas das empreiteiras brasileiras financiadas pelo BNDES. Meses depois, descobrimos aonde Juan Guaidó poderia chegar com aquilo. Em dezembro de 2018, a Assembleia Nacional elegeu o deputado como líder, e no mês seguinte, em 5 de janeiro de 2019, o deputado se autoproclamou presidente interino da Venezuela. Guaidó teve o cargo reconhecido pelos governos de mais de cinquenta países, entre eles Brasil (já sob o comando de Jair Bolsonaro) e Estados Unidos (com Donald Trump). As ações do presidente autoproclamado enfureceram o ditador Maduro, que, com apoio do exército, mandou prender o "concorrente", o que agravou ainda mais a crise política e dividiu o país. Venezuelanos foram às ruas e enfrentaram conflitos internos diários. Empregos foram extintos. Pessoas morreram de fome. Milhares fugiram do país. Fronteiras foram fechadas. O exército foi mobilizado para tentar impedir a fuga em massa. O Brasil passou a receber os imigrantes que conseguiam atravessar a fronteira. Não havia emprego nem comida para todos. O governo brasileiro destacou a Força Nacional de Segurança para impedir que os conflitos chegassem ao país. O exército foi chamado para ajudar a atravessar a apoio humanitário que vinha de vários países com destino à Venezuela. Militares venezuelanos desertaram e também pediram refúgio no Brasil. Os conflitos chegaram à fronteira.

Ironicamente, dois anos depois da gravação com Juan Guaidó, fui um dos repórteres destacados para cobrir os confrontos entre imigrantes, a Polícia Nacional Bolivariana e a Força Nacional de Segurança do Brasil em Pacaraima, cidade do interior de Roraima na fronteira com a Venezuela. Anos mais tarde, as acusações da oposição contra o governo de Maduro aumentaram. Em entrevista ao *Jornal da Record* no final de 2020,

Guaidó contou que "jornalistas e políticos que faziam oposição a Maduro continuavam sendo sequestrados e presos pelo Sebin por ordem do ditador". Segundo ele, ainda existe uma legislação clara sobre o caso Odebrecht: "Na Venezuela, há 30 bilhões de dólares encontrados em obras da empreiteira, das quais 76% ainda não foram concluídas. Apesar de terem enganado a nação com mais de 22 bilhões de dólares, os 30 bilhões encontrados na empresa não passaram por um processo de licitação na Venezuela. Era um contrato entre Lula e Chávez naquele momento, enquanto Maduro era o chanceler. O apoio de nível econômico nessa situação tem a ver com o aparelho de terror e medo que existe hoje na Venezuela. Há uma grave violação dos direitos humanos. Qualquer pessoa que hoje apoie Maduro nada tem a ver com tendência para esquerda ou direita, tem a ver com assassinato, com sangue, com dignidade ou direitos fundamentais". Guaidó ainda enfatiza: "Hoje apoiar Nicolás Maduro, de qualquer forma, é apoiar um criminoso contra a humanidade. É isso que temos claramente apontado, porque a corrupção de Lula também está relacionada com esse relatório da ONU sobre violação dos direitos humanos. Não há dúvida de que essa ligação com essa empresa (Odebrecht) veio de Lula".

Quatro anos depois da nossa prisão, em 2021, Juan Guaidó ainda era considerado um traidor nacional pelo governo de Maduro e evitava muita exposição para não ser preso de novo. Mas, na época em que o conheci na capital venezuelana, eu ainda não sabia que aquela entrevista se tornaria tão valiosa.

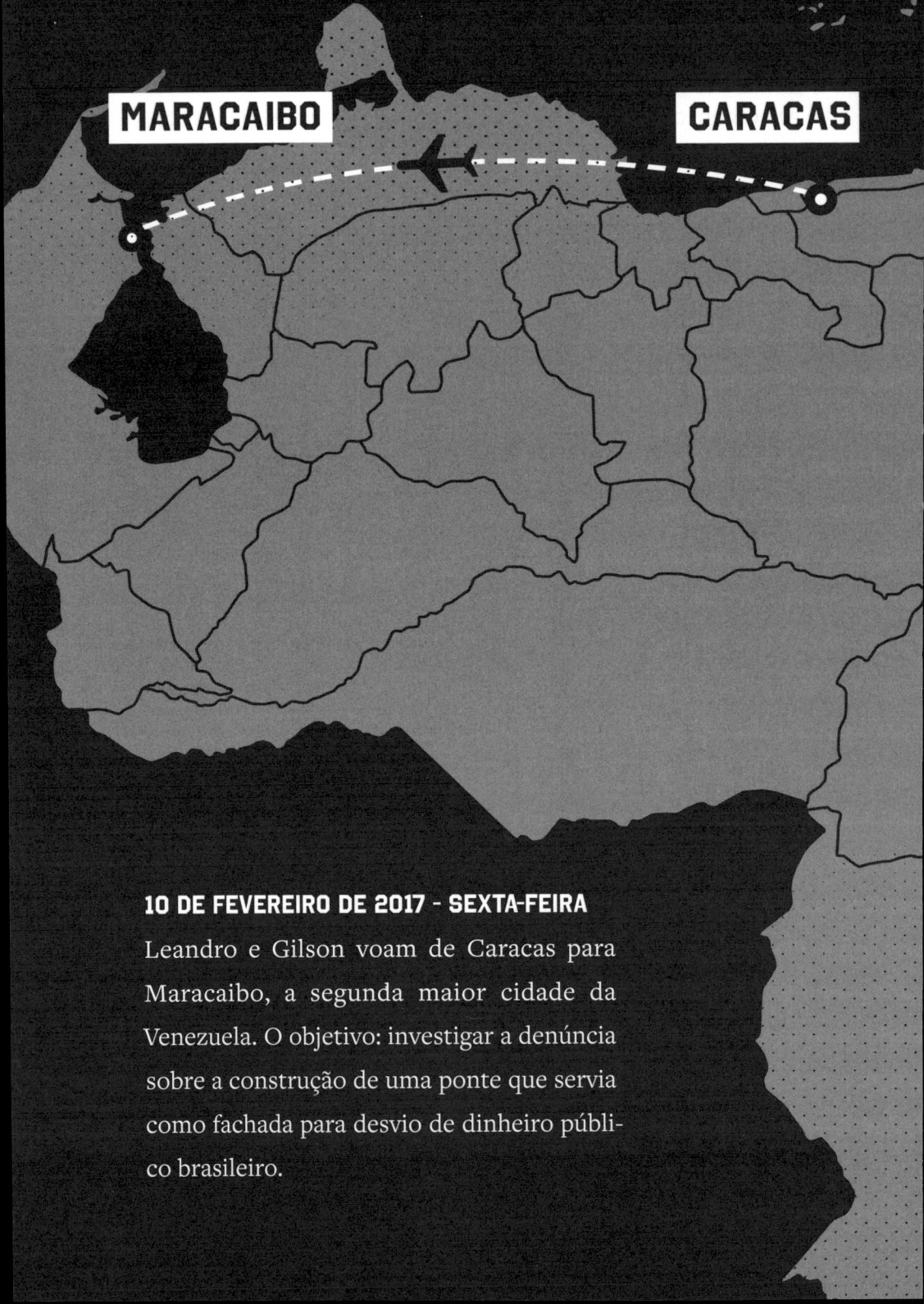

MARACAIBO

CARACAS

10 DE FEVEREIRO DE 2017 - SEXTA-FEIRA

Leandro e Gilson voam de Caracas para Maracaibo, a segunda maior cidade da Venezuela. O objetivo: investigar a denúncia sobre a construção de uma ponte que servia como fachada para desvio de dinheiro público brasileiro.

VENEZUELA

CAPÍTULO 8

A PONTE INVISÍVEL

UMA HORA. FOI O TEMPO QUE LEVOU nossa viagem de avião. Saímos de Caracas ainda à noite com destino à cidade de Maracaibo, capital do estado de Zulia, a segunda maior cidade da Venezuela. Foi um voo tranquilo. Gilson e eu estávamos empolgados com o que havíamos conseguido até aquele momento. Tudo o que fora planejado estava ali nos cartões de memória da câmera. Na minha cabeça, nada havia falhado. Nossa investigação seguia a passos largos, e faltava pouco para voltar para casa. Tínhamos a informação de que Maracaibo podia ser a "cereja do bolo". Mas, como não conhecíamos a cidade, foi necessária uma ajudinha extra. Rosana, a produtora que nos ajudava do Brasil, conseguiu o contato de dois jornalistas que moravam lá. A ponte entre nossa redação e o casal foi a Transparência Venezuela, um grupo de profissionais engajados na luta pelos direitos do povo venezuelano e pela igualdade social no país.

Nosso desembarque na cidade foi à noite. Havia poucos passageiros no voo. O único e pequeno aeroporto de Maracaibo já revelava que se tratava de uma cidade com pouca estrutura para turistas. Gilson e eu não conhecíamos os jornalistas locais que nos ajudariam nessa empreitada, mas tínhamos informação de que estariam nos esperando na porta da área de desembarque do aeroporto. Eu contava que, como jornalistas, eles teriam procurado pelo meu nome na internet para ver meu rosto e conseguir me identificar no momento de nossa chegada. Dito e feito. Por questões óbvias, não usavam aquelas plaquinhas com os nomes dos passageiros para nos receber. Nossa recepção foi no olhar.

Jesús, como se apresentou, era um jornalista mais experiente. Tinha em torno de 45 anos. Maria era jovem, pouco mais de 20. Horas depois, descobrimos que eram namorados. O casal havia se conhecido na universidade em que Jesús ministrava aulas no curso de jornalismo e dirigia uma rádio. Maria, na época, era uma estudante ainda cheia de sonhos e ávida por conhecer os bastidores de grandes reportagens e conseguir furos jornalísticos. Quando nos conhecemos, a estudante já não era mais "foca" (como se chama o jornalista que acaba de começar na profissão), mas ainda tinha pouca experiência em jornalismo investigativo. Muito simpáticos, os dois nos guiaram até a caminhonete roxa que Jesús havia trazido para nos levar ao hotel. Os nomes "Jesús" e "Maria" se revelariam mais do que uma simples coincidência. O casal seria fundamental para nos livrar da enrascada em que entraríamos no dia seguinte. Mas, naquele momento, o futuro da nossa equipe ainda era desconhecido.

Tínhamos a consciência de que éramos dois repórteres estrangeiros num lugar desconhecido e hostil, com pessoas que havíamos acabado de conhecer. Não é uma situação relaxante. É um momento de apreensão e alerta. Ainda precisávamos conhecer o casal para saber se, realmente, os dois estavam do nosso lado ou se nos levavam para uma enrascada. Gilson e eu havíamos levado apenas as mochilas com uma muda de roupas e os equipamentos necessários para fazer a gravação. Tínhamos um voo de volta à capital, Caracas, marcado para a tarde do dia seguinte e sabíamos que só haveria o horário da manhã para terminar nossa reportagem. Não havia tempo a perder. Nosso plano era chegar ao hotel, comer algo, dormir, acordar cedo, tomar café da manhã e seguir direto para o local da gravação sem sermos vistos por ninguém. No caminho até o hotel Intercontinental, o maior e mais luxuoso da cidade, Jesús e Maria nos contavam um pouco mais sobre a relação do governo com os meios de comunicação e empresários locais que se recusavam a apoiar as ações arbitrárias do governo de Nicolás Maduro.

Segundo Jesús, que conhecia mais os bastidores do jornalismo da região do que a namorada, antes de o hotel Intercontinental se tornar o mais famoso e caro de Maracaibo, o hotel Kristoff havia sido, por muito tempo, o mais conhecido e o que mais recebia turistas. "Época boa", dizia ele. A explicação veio logo depois da memória afetiva: "Há fortes indícios de que o governo de Maduro tomou o hotel dos antigos donos. Os empresários não teriam aceitado instalar câmeras em quartos, a pedido da polícia política de Maduro, para monitorar hóspedes do governo". Jesús continuou, dizendo que, para nossa sorte, estávamos no hotel mais seguro da cidade e que ficar no hotel Kristoff, naquele momento, seria um risco. Mérito da Rosana, que havia escolhido o local onde passaríamos a noite. Mas aquela informação, que eu havia recebido de passagem num bate-papo dentro da caminhonete, não saiu mais da minha cabeça. Como um governo simplesmente toma para si o até então maior e mais famoso hotel da cidade? Que lugar era aquele? Onde estávamos nos metendo? O que poderia acontecer conosco se nos flagrassem fazendo uma reportagem investigativa contra esse governo? Jesús e Maria também tinham medo. Por repetidas vezes, Jesús nos pedia para tomar cuidado e dizia que era "normal" o governo desapropriar terrenos e tomar para si estabelecimentos comerciais, igrejas, clubes, o que fosse. Bastava decidir e pronto. Não havia contrapartida. Não precisava de explicação. Não tinha conversa. Nem retaliação, claro. Quem tentava impedir era preso. Para isso, o governo tinha uma polícia política, responsável por definir o que deveria ser "repatriado": o Sebin.

Até aquele momento, nossa vida estava tranquila. Havíamos ouvido apenas histórias. Nada mais. Sabíamos que o país vivia uma decadência política e econômica, que era perigoso estar ali e que deveríamos ter cuidado. Mas ainda não havíamos sofrido nenhum tipo de ameaça real até então. Muito pelo contrário. Nossa chegada ao hotel foi rápida e sem contratempos. A recepção não poderia ter sido melhor. O casal nos deixou na porta do hotel com a promessa de que viria nos buscar na manhã do dia seguinte bem cedo. Gilson e eu entramos com o equipamento nas mochilas. Câmeras, microfones, cartões de memória e um notebook. Um recepcionista de terno nos recebeu com um sorriso no rosto. Afinal, éramos apenas dois turistas chegando para conhecer a cidade, apesar da queda brusca de novos hóspedes. Segundo o recepcionista, o hotel, que tinha mais de vinte andares, estava vazio em plena sexta-feira à noite. Poderíamos escolher os quartos, inclusive, um ao lado do outro, o que era raridade em hotéis desse nível na véspera de um fim de semana. Mas assim foi feito. Nossas malas grandes haviam ficado no hotel em Caracas, onde passamos a maior parte da viagem. Era a nossa "base". Decidimos não fechar a conta no hotel, porque o plano era voltar para lá no dia seguinte, assim que o voo pousasse em Caracas, no sábado à tarde. A previsão era voltar para o Brasil só no domingo. Por isso, aproveitamos para transportar pouca bagagem até Maracaibo. Deveria ser uma passagem rápida pela cidade...

Depois de jantar muito bem, passamos a noite discutindo, no hall do hotel, como seria a manhã do dia seguinte antes da ida para o aeroporto. Já sabíamos que o casal de venezuelanos conhecia muito bem o local onde precisávamos gravar a parte final da reportagem: o canteiro de obras de outra promessa dos governos de Chávez e, posteriormente, Maduro. A nossa denúncia tratava da construção de uma ponte que deveria ligar as duas margens do lago de Maracaibo, o maior e mais importante da região. Seria uma ótima solução para reduzir o tempo de quem pega um barco para fazer a travessia do lago ou precisa dar a volta por outro caminho. Nesse caso, o único acesso de carro é por uma ponte bem antiga e estreita, com a estrutura comprometida. Segundo a Transparência Venezuela, a obra da nova ponte havia custado, até então, 3,5 bilhões de dólares. Apesar do alto valor da construção e dos quase dez anos de promessas, a ponte não havia sido concluída. Mas, se o dinheiro saiu do banco brasileiro para financiar a construção da ponte e a obra não saiu da fase inicial, onde fora parar o "investimento"? Nossa investigação começou quase três anos depois do início da Lava-Jato, a operação contra corrupção coordenada por promotores do Ministério Público Federal do Brasil. Além do Brasil, as investigações da Lava-Jato também já apontavam para um esquema de corrupção envolvendo políticos e empreiteiras brasileiras no exterior, como publicou a revista *Exame* em junho de 2016,[1] e a nossa suspeita era a de que a Venezuela fosse um dos países onde essas construtoras estariam cometendo as irregularidades. Num acordo de leniência firmado com o Departamento de Justiça dos Estados Unidos no fim do mesmo ano, a construtora brasileira Odebrecht revelou ter pago propina a doze países, incluindo o Brasil. Segundo representantes da empreiteira, 98 milhões de dólares haviam sido pagos a funcionários e intermediários do governo venezuelano entre 2006 e 2015, como publicado na edição on-line da revista *CartaCapital*, dois dias antes da nossa chegada à Venezuela.[2] De acordo com a denúncia que tínhamos recebido, a propina seria para garantir que a empreiteira vencesse os processos de licitação no país e conseguisse realizar as obras com dinheiro

---

1. STEFANO, Fabiane. A Lava-Jato agora é internacional. *Revista Exame*, 1º de junho de 2016. Disponível em: https://exame.com/revista-exame/a-lava-jato-agora-e-internacional/. Acesso em: 30 abr. 2021.

2. DELAÇÃO da Odebrecht nos EUA sacode a América Latina. *CartaCapital*, 4 de fevereiro de 2017. Disponível em: https://www.cartacapital.com.br/mundo/delacao-da-odebrecht-nos-eua-sacode-a-america-latina/. Acesso em: 19 abr. 2021.

brasileiro. Durante nossa investigação, havíamos descoberto o endereço do canteiro de obras onde a nova ponte deveria ser construída, mas precisávamos chegar lá por um caminho que não levantasse suspeita. Os jornalistas locais, Jesús e Maria, conheciam esse trajeto, e foi por ele que seguimos no dia seguinte.

Uma estrada de terra em uma área distante do centro urbano, cercada apenas por uma comunidade pobre que crescia a passos largos. Com a caminhonete, eu, Gilson e o casal seguíamos em meio a buracos e curvas margeadas pelo mato alto. Ali, a certeza de que não fomos seguidos por ninguém. Olhava pelo retrovisor e nada. Apenas o sol, a terra batida, o calor e poucas casas humildes de moradores locais surgiam pelo caminho. Acessamos a praia do lago de Maracaibo e fomos margeando os tapumes até encontrar a bendita ponte. Logo na chegada, avistamos a placa antiga na frente do imenso canteiro de obras fechado e cercado que anunciava a parceria por meio do convênio de cooperação técnica entre Brasil e Venezuela para realizar a construção.

Dias antes, tivéramos acesso a um documento de 23 de abril de 2007, publicado no portal de dados do Sistema Consular Integrado, que torna públicos relatórios de Atos Internacionais ligados ao Ministério das Relações Exteriores do Brasil. O acordo, assinado pelo então embaixador do Brasil, João Carlos de Souza Gomes, e pelo ministro das Relações Exteriores da Venezuela na época, Nicolás Maduro, previa treinamento de mão de obra local, transferência de tecnologia e assistência técnica sem custo para a Venezuela. O BNDES disse que não enviara dinheiro para o país e que a obra era de responsabilidade apenas da Odebrecht. Mas por que uma empreiteira brasileira custearia uma obra na Venezuela? Com que interesse? Por que o Brasil faria um acordo de uma obra gigantesca no meio do nada no país vizinho e entregaria toda a sua expertise de graça? A única resposta que tivemos naquele dia foi dada pelo porteiro que cuidava sozinho do canteiro de obras. O homem simples, sujo e com roupas rasgadas recebia dinheiro para manter o terreno fechado e sem nenhum curioso por perto. Ele confirmou que estava ali, sozinho, havia mais de dois meses e que ninguém aparecia na obra havia muito mais tempo.

De onde estávamos, era possível ver o local onde deveria estar a ponte. Fincados na beira do lago, apenas dois pilares altos e antigos. Um ao lado do outro. Mas nada de ponte. O porteiro, que também morava numa comunidade da região, confirmou que essa era mais uma mentira do governo de Maduro. Com a câmera de mão, Gilson tratou de gravar as imagens dos pilares, do porteiro e da abordagem. Maria gravou as mesmas imagens, só que pelo telefone celular. O homem que não quis se identificar pediu para ver meus documentos. Perguntou de onde éramos e por que estávamos ali fazendo registros de uma obra parada. Minha resposta foi imediata. Criei uma história na hora, no improviso. Já que o canteiro estava vazio havia muito tempo e somos brasileiros, por que não poderíamos nos passar por técnicos da Odebrecht fazendo um trabalho de vistoria da obra? Além de ser uma forma de sairmos rápido dali, me ajudaria a descobrir se fazia muito tempo que representantes da construtora de fato não visitavam o canteiro. Mostrei meu passaporte, e o porteiro nos deixou gravar. Gilson foi em frente e gravou tudo o que podia com a câmera principal. Na verdade, o porteiro não havia nos deixado gravar à vontade, mas só descobrimos isso algum tempo depois.

O acordo com os jornalistas venezuelanos era simples: o casal nos levaria até a obra da Odebrecht, ajudaria na gravação e nos levaria de volta ao hotel. Nossa missão era filmar o canteiro de obras fechado para mostrar que as promessas feitas pelos governos chavistas nunca tinham saído do papel. Como, até aquele momento, não havíamos sido abordados por nenhuma autoridade durante as gravações, seria um plano tranquilo de executar. Pelo menos, parecia. Naquele dia, momentos antes de deixar o hotel em direção à suposta obra da ponte, eu havia sentido algo estranho. Pensei que, de alguma forma, deveria fazer alguma coisa para salvar o material em caso de algum contratempo. Foi pensando nisso que pedi a Gilson para levar duas câmeras: a principal (uma câmera de mão semiprofissional, mas com boa qualidade de captação) e uma GoPro (dessas que não têm muito recurso operacional), para que servisse de isca. A ideia era gravar a reportagem na câmera principal (como fizemos a viagem inteira) e deixar a GoPro em branco (sem nenhuma imagem), para que, no caso de sermos flagrados por alguém, ela fosse a "prova" de que só uma câmera havia sido usada para registrar imagens. Assim, gravaríamos as imagens na memória interna da câmera principal e nos cartões de memória ao mesmo tempo (com isso teríamos dois arquivos com as mesmas imagens e, se precisasse esconder os cartões, eu estaria "salvando" o backup do material). Antes de chegarmos ao canteiro de obras da ponte Nigale, tive a ideia de pedir à Maria que também usasse o próprio celular para gravar os bastidores da reportagem. Com isso, no fim da gravação, teríamos três câmeras, mas apenas duas com imagens gravadas: a principal (com a memória interna e os cartões) e o celular. O celular era uma terceira câmera, que poderia nos servir em caso de termos todo o equipamento apreendido. Seria a salvação do material em uma situação extrema.

No fim da gravação na suposta obra da ponte, pedi que Maria deixasse o celular com as imagens dos bastidores nas mãos de um amigo, que morava numa comunidade pobre ao lado do canteiro de obras. Lugar acima de qualquer suspeita, onde ninguém procuraria por uma câmera escondida. Assim que terminamos de filmar, a jornalista cumpriu o combinado e deixou o telefone celular nas mãos do morador da comunidade com as respectivas imagens do *making of*. Levamos para o hotel apenas a câmera principal com todo o material gravado e uma câmera vazia. Parecia que sabíamos o que iria acontecer...

Minutos depois de sairmos do canteiro em direção ao hotel Intercontinental, como contei, fomos cercados pelos agentes do Sebin e levados à sede do serviço de inteligência. Ninguém sabe até hoje se fomos seguidos ou se o porteiro do canteiro de obras chamou a polícia, mas as duas alternativas são possíveis. Quando chegamos, os agentes confiscaram a câmera principal, a GoPro vazia e nossos telefones celulares particulares. Apenas Maria não tinha o celular para entregar na hora da revista, mas ninguém desconfiou de nada. Os agentes nunca imaginaram que o aparelho dela havia sido escondido momentos antes da prisão e que teria as imagens para salvar nossa reportagem no futuro. Naquele momento, eu contava com isso, mas não parava de pensar nos cartões de memória dentro da carteira e em quanto tempo ficaríamos presos ali.

CAPÍTULO 9

MEMÓRIAS DO CÁRCERE

NÃO HAVIA JANELAS. APENAS um banheiro sem água. Na frente da porta, uma grade com ferros grossos e uma chave independente. Era impossível fugir. Dentro, uma cadeira velha e um sofá muito sujo e rasgado de dois lugares com um imenso buraco na almofada de um dos lados. Como um dos pés estava quebrado, ele tombava para a esquerda. No teto, um imenso buraco de cerca de um metro de comprimento por meio metro de largura. Não era possível ver a profundidade. Só via a escuridão lá dentro. Mais tarde, saberíamos que ali vivia um morcego muito grande que adorava sair para passear. Principalmente à noite. A cela era pequena e não havia lugar para sentar. Éramos quatro. Três homens e uma mulher. Juntos. Levamos algum tempo para entender que aquilo não era apenas uma "averiguação" e que não éramos apenas suspeitos. A ficha demorou a cair. Quando demos conta, era tarde. Gilson e eu estávamos presos. Sem comunicação. Sem poder sair e sem ninguém que pudesse nos ajudar. Estávamos sendo acusados de um crime que não cometemos. Para eles, os dois brasileiros que investigavam a denúncia de um esquema de corrupção envolvendo o governo do país eram dois espiões. Era assim que nos chamavam. Mas, na verdade, como é comum em regimes ditatoriais, fomos presos por exercer uma atividade legal em países democráticos. Fomos presos por fazer jornalismo.

Estávamos num país desconhecido, com pessoas que havíamos acabado de conhecer e sob a custódia da polícia mais temida do país. Uma polícia que só se reporta ao presidente, que age como quer, que está acima da lei. Isso ficou mais evidente para mim durante os interrogatórios. Mas havíamos acabado de chegar e ainda estava tudo muito fresco na minha cabeça. Os agentes do Sebin haviam apreendido nossos telefones celulares e eu ainda tentava entender o nível de risco que estávamos correndo naquele momento. Afinal, nunca havia sido preso, muito menos em outro país. Era tudo muito novo. Enquanto passava pela minha cabeça como salvar a matéria, o que aconteceria comigo dali para a frente e como sair daquela situação, foi inevitável lembrar a história da tumba. A prisão venezuelana comandada pela polícia política, para onde eram levados os presos que, segundo o governo, eram temidos e perigosos, ficava exatamente ali. Segundo as histórias que eu havia lido antes de viajar, a tumba ficava num lugar bem abaixo do solo e era controlada pelos agentes do Sebin, os mesmos que haviam acabado de nos prender. Os presos que cumpriam pena na tumba eram, geralmente, acusados de crimes contra o governo. Espionagem estava incluída entre as acusações. Nossa cela não ficava no subterrâneo, mas eu pensava que, a qualquer momento, poderíamos ser levados para lá.

Na cela, apenas eu, Gilson, Jesús e Maria. No início, um silêncio sepulcral. Alguns minutos mais tarde, conversamos um pouco, mas ninguém sabia exatamente o que estava acontecendo. Não havia informações. Ficamos ali trancados por algumas horas sem nenhum tipo de comunicação. É difícil contar o tempo exato, já que os policiais haviam ficado com nossos pertences, inclusive os relógios, mas entardeceu. Fazíamos apenas suposições. Nem quem morava e conhecia bem a região, como Jesús, era capaz de dizer o que poderia acontecer naquele momento. Maria chorava de nervoso. Depois de algumas horas, um dos agentes do serviço de inteligência entrou na cela e nos levou a uma sala. Não havia explicações, apenas ordens. Eles mandavam e nós, os presos, cumpríamos.

Na sala, havia divisórias de gesso. Em cada uma das divisórias, um agente sentado em uma cadeira esperava para fazer nosso registro policial. Sim, fomos tratados como criminosos, como acontece com quem é preso no Brasil. Na primeira divisória, uma cadeira na frente de um tripé com uma máquina fotográfica. Fizeram fotos dos nossos rostos de frente e de lado, e, em seguida, cada um dos presos foi levado para outra divisória, na qual éramos obrigados a pintar todos os dedos das duas mãos. Não pudemos ler o conteúdo, escrito com letras minúsculas, mas tínhamos a certeza de que estávamos sendo fichados. Os agentes nos obrigavam a registrar as digitais e nos faziam assinar os documentos sem mais explicações. A ordem era apenas para assinar. Enquanto um preso passava por todo o procedimento, os outros três aguardavam a vez sentados em cadeiras improvisadas. O processo de cada um dos presos levou em média trinta minutos. Depois, fomos levados de volta à cela.

Horas antes, no caminho até a sede do Sebin, Jesús havia feito algo que salvou nossas vidas. O jornalista, mesmo dirigindo a caminhonete em alta velocidade atrás dos carros dos agentes do serviço de inteligência, enviara uma mensagem pelo aplicativo de celular a uma pessoa cuja importância, naquele momento, nenhum de nós percebera. Jesús havia avisado a um amigo, advogado de uma ONG de direitos humanos, que estávamos numa situação delicada. Passou ainda as placas dos carros e, assim que chegamos à prisão, nossa localização. Em poucas horas, havia pelo menos três advogados na porta do prédio e uma equipe de reportagem. Nem os advogados, muito menos os jornalistas foram autorizados a entrar no Sebin naquele momento, mas a pressão agia a nosso favor.

Enquanto isso, a essa altura, no Brasil, Rosana já havia saído do clube onde curtia a folga com a família e estava na redação atrás de contatos que pudessem ajudar a nos tirar daquela situação. Rosana ligou então para o consulado do Brasil na Venezuela e, posteriormente, para o Itamaraty em Brasília. Na tarde daquele sábado, a prisão ainda não havia virado notícia no Brasil. Como havíamos perdido a comunicação, Rosana ainda tentava apurar a real situação em que nos encontrávamos. O consulado não soube dizer nossa localização nem a nossa real condição de saúde, e apenas eu sabia o motivo para isso, mas só contei dias depois, quando chegamos ao Brasil.

No momento em que Rosana tentava apurar o paradeiro real da equipe na Venezuela, Gilson e eu discutíamos qual seria o nosso futuro naquela nova realidade: sem comunicação, sem amigos, sem família, sem direitos, sem ter a quem recorrer. Na cela, o casal de venezuelanos discutia entre si como faria para sair daquela mesma situação. Eu compreendia a discussão acalorada, num espanhol falado rápido e com palavras cortadas. Nós ainda tínhamos a esperança de voltar para o Brasil sãos e salvos, mas e os dois venezuelanos? O que aconteceria com eles depois daquela confusão era ainda mais nebuloso. Certamente, o medo de Jesús e Maria era o de serem perseguidos para sempre. Violentados, torturados ou, até mesmo, mortos. Como se soubesse o desfecho do nosso futuro, eu tentava tranquilizar Gilson com palavras de fé. Porque é o que nos resta numa hora como essa: ter fé. Se você não tem, acredite: ali, passaria a ter. Não era o nosso caso, mas nossa fé em Deus com certeza aumentou naquele dia, e não só porque estávamos ao lado de Jesús.

Poucas horas de incertezas depois, passamos a receber a visita de agentes do serviço de inteligência. Anoitecia quando dois deles nos tiraram da cela e nos levaram de volta ao hotel onde estavam nossas mochilas. Gilson e eu entramos num carro, enquanto Jesús e Maria ficaram na cela. O veículo de vidros escuros não tinha logotipo da polícia nem o som convencional de uma viatura. Estávamos num carro comum, com dois agentes armados à paisana a caminho do hotel Intercontinental. Dentro do veículo, silêncio. Gilson me olhava como se quisesse dizer alguma coisa, mas os agentes mantiveram a distância entre nós. Assim que chegamos ao hotel, fomos obrigados pelos agentes armados a seguir em direção aos quartos sem falar com ninguém. A recepção do hotel não sabia do que se tratava, mas nos deixou subir porque acredito que alguém tenha nos reconhecido do dia anterior. Havíamos sido hospedados separadamente e fomos acompanhados ao mesmo tempo para o interior dos quartos, cada um com um agente. Era um momento tenso. Os policiais, com cara de poucos amigos, vasculhavam a habitação como se procurassem por algo. Abriram os cofres e pegaram o pouco dinheiro com documentos que havia dentro, levantaram os colchões, espalharam lençóis, vasculharam as mochilas, verificaram embaixo das camas e dentro nos armários. Enquanto revistavam os quartos, Gilson e eu olhávamos sem ação. A revista durou menos de dez minutos, e fomos embora de volta ao Sebin. O que aconteceu na viagem de volta à sede da polícia política salvou nossas vidas.

Um dos agentes resolveu puxar assunto no caminho e nos mostrou que nossa câmera estava dentro do carro. Pediu que Gilson ligasse o equipamento e revelasse o que havia sido gravado, alertando-nos sobre possíveis entrevistas ou gravações que pudessem prejudicar de alguma maneira a imagem do governo de Maduro. Gilson seguiu a ordem e mostrou os arquivos gravados, entre eles a entrevista com o deputado da oposição Juan Guaidó. O agente começou a assistir à gravação, e a expressão de seu rosto se transformou. Os policiais, sentados no banco da frente do carro, demonstraram susto com o vídeo, se entreolharam e tomaram uma decisão: "Meu Deus! Vocês entrevistaram o Guaidó! Ele é o inimigo número um do governo. Apaguem rápido essa entrevista! Urgente! Antes que a gente chegue ao Sebin. Se nosso chefe vir esta gravação, vocês nunca mais vão sair da Venezuela!". Gilson pegou a câmera, olhou para mim e apagou correndo a gravação. Eu não conseguia acreditar que um agente do Sebin havia nos ajudado. Por qual motivo ele faria isso? E se o chefe dele encontrasse a gravação da entrevista que ainda estava no cartão de memória da câmera na minha carteira? As perguntas não saíam da minha cabeça. Descemos do veículo e voltamos para cela, sem a câmera, sem as mochilas e sem saber o que poderia acontecer. Uma coisa era certa: apagar a entrevista de um opositor em meio a uma ditadura não nos faria mal, mas aumentava a certeza de que eu tinha que proteger os cartões de memória.

Jesús e Maria nos aguardavam aflitos dentro da cela. "O que aconteceu?", perguntou Jesús. "Nada... Dois agentes nos levaram para pegar as mochilas no hotel", respondi. A todo momento, um homem armado e de roupas pretas entrava no local e nos chamava para uma conversa nada amigável. Eles se revezavam nas visitas. Às vezes, o novo "visitante" levava uma hora para chegar, outras vezes, mais. Os agentes não eram amistosos nem simpáticos. O "bate-papo" também não. O casal de venezuelanos foi o primeiro a ser chamado para interrogatório, o que me deixou ainda mais preocupado. Não tinha certeza se estavam do nosso lado ou do lado deles. "Será que foram combinar algo?", pensei. Até pode ser um pensamento egoísta, mas, numa hora como aquela, tudo passa pela cabeça. O casal saiu da cela levado por um agente armado e voltou meia hora depois chorando muito, soluçando. Jesús e Maria não conseguiam nem falar.

Quando Jesús se recompôs, contou que tinham sido ameaçados de nunca mais sair da prisão, mas não deu detalhes. Era um momento tenso, e Jesús tinha medo de falar porque pensava que poderíamos estar sendo gravados dentro da cela. "Seria uma maneira de nos amedrontar?" Nunca saberemos…

Outro agente entrou na cela. Gilson não falava espanhol, e, como seria difícil interrogá-lo, o agente decidiu me levar primeiro. Saí da cela. O agente me acompanhou, sempre ao meu lado e segurando um dos meus braços. Ele me levou a uma sala escura. Não havia janelas. No centro, um abajur iluminava uma pequena mesa. Em cima dela, um telefone fixo e o meu celular, que eles haviam apreendido horas antes. Apenas duas cadeiras foram posicionadas ao redor da mesa. Não se via mais nada. Não havia mais ninguém que eu pudesse ver. Sentamos um de frente para o outro. Senti que não seria um momento de tranquilidade. Só havia visto aquilo no cinema. Logo no primeiro interrogatório, passei a entender por que Rosana não conseguia informações e, principalmente, por que o consulado não sabia de nada sobre nossa equipe. Enquanto eu era interrogado, o telefone tocou. No silêncio da sala, foi possível ouvir que se tratava de um representante brasileiro do consulado. "Alô, é do Sebin? Aqui é do consulado do Brasil. Quero falar com o Leandro, o repórter brasileiro preso pelos agentes do departamento", disse o homem do outro lado da linha. "É de onde? Do consulado do Brasil?", respondeu o agente na minha frente antes de desligar o telefone na cara do funcionário brasileiro.

Mais tarde, percebi que os agentes seguiam a mesma rotina, sempre com uma conversa rápida e, depois, as mesmas perguntas: "Qual é o seu nome verdadeiro? O que estão fazendo realmente na Venezuela? Vocês são espiões? Quem enviou vocês? Quem pagou pela espionagem? Vocês são contra o governo?", e por aí vai... Falei a verdade desde o primeiro interrogatório, mas confesso que, na hora, não entendi aonde queriam chegar com aquilo. Eles repetem as perguntas e eu repetia as respostas. Na conversa com o segundo investigador, o telefone tocou mais uma vez. Era um momento tenso. O agente também atendeu a ligação na minha frente. Parecia ser novamente um brasileiro do outro lado da linha. A certeza veio na resposta agressiva do policial. Escutei apenas a fala dele em espanhol: "Consulado do Brasil? Não. Ninguém pode falar". Bateu o telefone com força e encerrou a ligação mais uma vez. Seria essa outra tentativa de me amedrontar ou alguém do consulado brasileiro havia realmente ligado direto para a sala de interrogatório do serviço de inteligência da polícia política da Venezuela? Só descobrimos depois que era tudo verdade, e por isso ninguém tinha informações sobre a nossa situação. Naquele momento, eu só tinha dúvidas.

O agente saiu da sala e me deixou sozinho com os dois telefones. O fixo voltou a tocar. Como não havia ninguém comigo, atendi de imediato. Era um brasileiro que dizia ser do consulado do Brasil na Venezuela. Falei rápido e em poucas palavras, com medo de o agente retornar à sala e me pegar em flagrante.

Pensando bem depois, era óbvio que eles monitoravam a sala e sabiam que eu ia atender. Mas, na hora, não pensei nisso, apenas atendi e respondi ao suposto diplomata brasileiro. Expliquei que estávamos presos no Sebin, numa região que eu não conhecia, sem comunicação e sem comida. O agente retornou, tomou o telefone da minha mão e desligou. Ele saiu novamente da sala, mas deixou o celular mais uma vez em cima da mesa. Agora, sim, me ocorreu que aquilo poderia ser uma isca para saber com quem eu iria falar. Abri o telefone e mandei uma mensagem para a Rosana pelo WhatsApp. Expliquei a situação em poucas palavras e, sem saber se ela havia lido minha mensagem, apaguei rapidamente a conversa antes de fechar o aparelho. Não queria que o agente soubesse com quem eu tinha falado nem o conteúdo da mensagem. Como sabia que o consulado não teria as informações precisas, decidi dar eu mesmo as informações à Rosana, mesmo sem saber se ela entenderia a mensagem. Confiei. O agente me levou de volta à cela. O vaivém entre a cela e a sala de interrogatório se repetiu doze vezes. Foram doze interrogatórios exatamente iguais. Apenas no primeiro, tive acesso ao meu telefone pessoal. Erro dos agentes? Falha na segurança? Vacilo do primeiro interrogador? Duvido muito.

Gilson também foi chamado para o interrogatório e, assim que chegou na sala, foi obrigado a colocar a bateria na câmera que estava em poder do Sebin, abrir o arquivo de imagens mais uma vez na frente de um dos agentes e passar as imagens que estavam registradas nela uma por uma. Dessa vez, Gilson também estava na frente de um dos homens que conduzia os interrogatórios, um dos chefes. A cada vídeo, ele perguntava: "Onde foi feita essa gravação? Qual é a finalidade dessa imagem? Vocês gravaram com alguém que faz oposição ao governo? Vocês estão escondendo a gravação da oposição em algum lugar?". O policial desconfiava que havíamos apagado a gravação em algum momento e talvez desconfiasse dos próprios colegas de trabalho. O agente era agressivo, e Gilson foi obrigado a mostrar tudo o que havia na câmera. Como a entrevista com o deputado Juan Guaidó havia sido apagada dentro do carro, ele sabia que não teria problemas. Foi a nossa salvação, e, como só fizemos isso graças a dois agentes, eu sabia que havia esperança. Nervoso, Gilson voltou para a cela, e a cena do agente nos chamando para mais um interrogatório se repetiu. Um de cada vez, em esquema de revezamento. A mesma rotina, as mesmas perguntas, até que um dos agentes me pareceu diferente. Uma pessoa mais "humana". Não havia raiva no olhar, nem palavras agressivas. Era educado e, talvez pelo cansaço por ter que repetir o mesmo procedimento que os outros pela milésima vez, nos tratava de maneira menos agressiva. Era a hora para eu deixar de ser monossilábico. Questionei por que todos me faziam as mesmas perguntas, já que eu sempre dava as mesmas respostas: "Onde há verdade, não há contradição! Estamos investigando onde foi parar o dinheiro brasileiro que deveria ter sido usado em obras pelo país para melhorar a vida de vocês e suas famílias!", disse a ele, já cansado, em um dos últimos contatos na sala de entrevista.

O agente, envergonhado, me respondeu: "Desculpe por fazer sempre as mesmas perguntas, mas estamos apenas fazendo o nosso trabalho". Eu estava esgotado. Mal conseguia pensar, mas aquela resposta me chamou a atenção. Será que os agentes não eram tão fanáticos como pareciam? Será que existia uma brecha no comportamento deles que eu poderia explorar? A minha única chance era a de que algum daqueles policiais me ajudasse. Eu precisava de esperança, porque a minha já estava no fim e eu não conhecia nenhum deles. Como não sabia mais a quem recorrer, passei a analisar o comportamento de cada um, as atitudes e as reações às nossas ações. Fiz isso em silêncio. Sozinho.

Voltei à nossa cela e me juntei aos demais. Era também um lugar escuro, apenas uma lâmpada fraca de luz amarela iluminava o ambiente. Nós quatro não nos falávamos. Era como se todos pensássemos sobre o que estava acontecendo e qual seria o nosso futuro naquela história. Chegamos à cela no início da tarde, e lá dentro não dava para saber se era dia ou noite. Gilson e eu sabíamos que o tempo na prisão passava mais devagar e só imaginávamos que, pelo decorrer do horário, passaríamos a noite inteira ali.

CAPÍTULO 10

O PREÇO DA LIBERDADE

OITO HORAS DE CONVIVÊNCIA. Os minutos pareciam horas. As horas pareciam dias. Depois de tanto tempo numa cela com um conhecido e duas pessoas estranhas, você começa a pensar no futuro, e o nosso não era cheio de perspectivas. Havia, então, caído a ficha de que estávamos presos de verdade. Ninguém viria nos ajudar, e não tínhamos a quem recorrer. Nesse momento, passa muita coisa pela cabeça: "E minha família? Nunca mais vou vê-la? Será que não vamos mais sair? Por que aceitei fazer essa reportagem? Onde foi que eu errei? O que vai acontecer agora?". Enquanto eu pensava, a cela ficava cada vez mais escura. Parecia que o dia havia virado noite, mas nem isso tínhamos certeza. As visitas dos agentes diminuíam. Apenas uma mulher fardada com roupas pretas e arma na cintura passou a entrar na cela. Ela também era policial, só que mais simpática. Aparentemente, havia gostado da gente. Embora nunca tenha dito seu nome, foi a única a nos oferecer comida, pedindo dinheiro para comprar. Tiramos os últimos bolívares que tínhamos na carteira, e uma hora depois ela retornou com nossa primeira refeição nas trinta horas em que ficaríamos detidos: *arepa* (uma espécie de pão duro típico do local), um ovo frito, um pouco de feijão-preto frio e um copinho de plástico com café preto, sem açúcar e também frio. Como só havia aquilo e a fome era grande, comemos sem respirar.

Já era noite quando descobrimos a presença do hóspede inusitado. A baixa luminosidade da cela dava a ele liberdade para sair da toca e fazer a vigia de rotina sem ser incomodado por ninguém. Enquanto comíamos nossa refeição fria e sem gosto, o imenso buraco no teto ganhou nossa atenção. Primeiro, sentimos apenas um vulto em alta velocidade. Era difícil enxergar. Depois, ao cruzar o único feixe de luz no ambiente, talvez o morcego tenha gerado uma ilusão de ótica. Mas era grande, voava rápido e com muita habilidade, como se conhecesse bem aquele ambiente. A habilidade guiada por sensores naturais não permitia qualquer contato físico durante o voo, mas os sobrevoos constantes no pequeno espaço em que estávamos eram suficientes para tirar o sono de qualquer um. Nosso mais novo companheiro de cela passou a entrar e sair do buraco no teto sem parar – e não sabíamos se estava sozinho. Apesar do cansaço físico e mental, dormir era algo que ainda nem passava pela nossa cabeça. E agora, com esse novo hóspede, eu sabia que nossa noite seria mais longa...

Depois de trazer a comida, a policial voltou a nos visitar, desta vez com informações que deveriam nos tranquilizar. Em espanhol, disse para ficarmos calmos porque, em breve, seríamos libertados. Deu a informação em *off* e saiu da cela. Pediu que não contássemos a ninguém. Minutos depois, chegou outro agente do serviço de inteligência. Bronco. Grosseiro. Sarcástico. Entrou na cela para nos dizer que jamais sairíamos da Venezuela, que o governo de Maduro jamais negociaria nossa libertação com um governo que não era reconhecido como legítimo e que ficaríamos ali por um longo tempo. O governo brasileiro ilegítimo, segundo o agente, era o do então presidente Michel Temer. Ele fazia questão de dizer que Maduro não via legitimidade na saída de Dilma Rousseff do poder e, por isso, acreditava que o novo presidente brasileiro era um "impostor". Sim, eles sempre usavam essas palavras: espião, impostor, comandante... Toda vez que ouvia uma dessas palavras, eu me sentia na Guerra Fria, apesar de nunca tê-la vivenciado. Em uma de nossas rápidas conversas dentro da cela, falei ao agente que éramos de uma grande emissora de televisão no Brasil e que, por isso, éramos pessoas conhecidas no país. O meu argumento sempre era o de que, se não fôssemos soltos logo, poderia haver um incidente diplomático entre os dois países. Sei que talvez eles não estivessem nem aí para o que eu falava, mas eu precisava dizer alguma coisa. Nunca vou saber se os policiais chegaram a discutir sobre o que eu dizia, mas descobriram a verdade algumas horas depois.

Do lado de fora do Sebin, três advogados dos direitos humanos ainda aguardavam autorização do Ministério Público Venezuelano para nos ver. O grupo tinha a companhia de uma emissora de televisão. Já passava das oito da noite quando os agentes entraram na cela mais uma vez. Àquela altura, era como se já não acreditássemos mais em qualquer tipo de ajuda. Mas, desta vez, os agentes estavam acompanhados dos incansáveis advogados. O primeiro a entrar era amigo de Jesús. Rapaz jovem que, pelo discurso, conhecia bem a situação e sabia o que estava fazendo. Em seguida, entraram as duas advogadas. Ainda mais jovens. Meu primeiro pensamento foi de que aqueles "meninos" não poderiam nos ajudar. Engano meu. Apesar de terem ficado pouco tempo na cela, os advogados deixaram os números dos telefones deles num pequeno pedaço de papel caso precisássemos e, ao sair, passaram nossas fotos e contatos para a equipe de reportagem que os aguardava na porta do Sebin. Minutos depois, assim que o agente retornou à cela, descobrimos que se tratava de uma equipe da CNN espanhola.

O policial entrou e disse: "É... Você não estava mentindo... Vocês são famosos mesmo. Olha a cara de vocês aqui na TV!". Falou aquilo de maneira sarcástica, apontando para uma televisão de tubo que ficava no corredor fora da cela, tipo aquelas que vendiam no Brasil nos anos 1980 e 1990. Lá estavam nossas fotos estampadas na CNN. Foram mantidas no ar durante toda a cobertura ao vivo sobre a prisão, que durou mais de doze horas. A pressão do canal e dos advogados dos direitos humanos mudou nossa história.

O governo Maduro passou a negociar nossa soltura. Dez horas depois de sermos presos, os agentes do Sebin decidiram libertar nossos companheiros de cela. Jesús e Maria receberam a notícia da libertação com sensação de alívio. A despedida foi rápida, e os dois deixaram a cela ainda preocupados com o que poderia acontecer com a gente. Nossa relação já havia se tornado muito próxima, e eu também me preocupava com o casal, porque sabia que, enquanto morassem na Venezuela, a vida dos dois corria perigo. Mas não era momento de palavras, apenas de um abraço apertado. "*Buena suerte*", disse Jesús na porta da cela olhando para trás. Duas horas depois da libertação do casal que nos acompanhou desde o momento da nossa chegada em Maracaibo, promotores do Ministério Público Venezuelano chegaram à sede do Sebin para saber o que estava acontecendo e como estavam nos tratando. Já era tarde da noite quando a promotora do MP entrou no local com uma equipe e pediu que Gilson e eu fôssemos levados para uma sala anexa.

Saímos da cela em silêncio, ainda sem saber o que estava para acontecer e quem eram aquelas pessoas. Dentro da sala, rostos ainda desconhecidos se misturavam aos agentes que haviam participado da nossa prisão na estrada, alguns policiais que tinham estado nos interrogatórios e um homem que se apresentou como chefe do Sebin. Um promotor, uma defensora pública e a promotora que chefiava a ação do MP também nos esperavam. Entramos na sala algemados, como criminosos de alta periculosidade. A promotora se apresentou como chefe da "operação" e mandou que retirassem nossas algemas. O clima na sala ficou pesado. Os agentes do Sebin estavam tensos. Apenas o chefe e a promotora falaram.

Ela nos perguntou como estávamos sendo tratados, e, como se não tivéssemos voz, o chefe do Sebin respondeu. Os agentes repetiram as perguntas com olhares intimidadores como quem diz: "Digam que estão sendo bem tratados para ela, senão vão sofrer as consequências depois". O terror psicológico era constante. A promotora exigiu que nos deixassem responder às perguntas, mas o recado dos agentes já estava dado. Em meio àquela discussão para provar quem tinha mais poder, Gilson e eu ouvíamos calados. Mais uma vez, é difícil descrever o que se sente ou pensa num momento como esses. Você se sente incapaz, desprotegido, vulnerável. Naquele momento, éramos os responsáveis por uma disputa entre o Ministério Público da Venezuela e a cúpula da polícia política na região, que tinha total apoio do governo. Não sabíamos quem realmente poderia nos proteger. "E se for só uma encenação para saber o que falaríamos para uma promotora quando ela surgisse? E se for tudo verdade, como nossas atitudes poderiam influenciar naquela disputa?" Eu só pensava que minhas palavras poderiam mudar o nosso destino. E a previsão para o nosso futuro próximo, até ali, não era das melhores. Silêncio. Todos nos olhavam. Gilson ficou em silêncio e olhou para mim também, como quem diz: "Agora é a sua vez". Afinal, eu era o repórter. A responsabilidade era minha. Mas o que eu deveria dizer para melhorar nossa situação? Tenho para mim que a verdade é sempre a melhor saída. Fui curto e sincero. Disse que não fomos agredidos e relatei como era o prato da única refeição que nos foi oferecida desde a nossa prisão às onze da manhã do dia anterior. Minha fala foi objetiva, baseada em fatos. Como tem que ser. A promotora se irritou e tomou uma decisão que me desconcentrou.

A ordem era para que fôssemos levados para o hotel Kristoff, o mesmo que, segundo Jesús, havia sido expropriado pelo governo antes da nossa chegada. A expropriação de bens por Maduro era uma das muitas histórias de atrocidades cometidas pelo governo que o jornalista nos contara. O Kristoff foi muito tradicional por receber turistas ilustres, mas havia sido tomado pela polícia política para abrigar e observar pessoas suspeitas ou investigadas pela ditadura. Antes de chegarmos ao Intercontinental, tínhamos passado de carro na frente do hotel "tomado" por Maduro. Uma imagem vale mais do que mil palavras... E foi aquela imagem que veio à minha cabeça quando a promotora mandou que os agentes do Sebin nos tirassem da prisão e nos levassem ao hotel. "Justamente ao hotel que eles controlam!", pensei. Nunca vamos ter certeza se a promotora sabia da relação do hotel com o Sebin ou se deu aquela ordem pura e simplesmente porque queria que o tratamento até ali fosse recompensado. A certeza que tive naquele momento, ao ver a cara de alegria dos agentes quando a promotora decidiu nosso destino, é que ninguém sabia que eu já conhecia a história sobre o novo "dono" do hotel e que ir para um hotel controlado pelos mesmos agentes do Sebin responsáveis pela nossa prisão seria nossa "sentença de morte".

Mas, momentos antes de decidir nos tirar da prisão e nos levar para o "hotel do governo", a promotora tomara uma atitude que, mesmo sem saber, pode ter salvado nossa vida. Ela ordenou, assim que entramos na sala, a devolução dos nossos aparelhos celulares, que estavam em posse dos agentes, alegando que era ilegal o governo ficar com nossos telefones. Depois eles tomaram de volta os aparelhos, mas, naquele momento, eu soube que talvez tivesse pouco tempo para mandar uma última mensagem à Rosana, no Brasil. Ela não fazia ideia do que se passava, mas, pelo que eu conhecia da Rosana, tinha certeza de que estaria com o telefone na mão, e ela não me decepcionou. Assim que recebi o telefone dos agentes, na frente da promotora, minha primeira atitude foi enviar a mensagem à Rosana. Pelo decorrer da discussão, percebi que a intenção do Ministério Público era nos tirar daquele lugar. Claro que eu não sabia para onde seríamos levados, mas me ocorreu pedir à Rosana que estendesse nossa estadia no Intercontinental por mais um dia. Pedi que fosse rápida e desliguei. E ela foi. Mais do que eu imaginava.

Quando a promotora ordenou que Gilson e eu fôssemos transferidos, senti que o clima ficou mais leve, afinal os agentes concordavam com a decisão do Ministério Público. Antes da saída, a promotora me perguntou se estávamos de acordo com a decisão, e novamente um silêncio sepulcral tomou conta da sala. Todos me olhavam. A pressão era em cima de mim. Eu pedi para ver mais uma vez o celular, com a esperança de que Rosana tivesse visto minha mensagem. Só tinha uma chance, e era essa. Eles aguardavam o que eu ia dizer. Meu coração acelerou. Foi questão de segundos entre abrir o celular, o aplicativo e ler a mensagem da Rosana. E a mensagem era: "Lê, já fizemos isso. Aqui estão os vouchers do hotel. Quando chegar, me liga, pelo amor de Deus!". Nunca contei isso a ela, mas aquela foi a maior sensação de alívio que já tive na vida, mesmo sabendo que a história ainda não terminava ali. A eficiência da Rosana nos havia salvado.

Quando li a mensagem e levantei a cabeça, ainda havia um silêncio absoluto. Um clima pesado na pequena sala do Sebin.

Todos olhavam diretamente para mim. Gilson mostrou-se preocupado. Os agentes estavam certos de que não teríamos para onde ir e com o sorriso no canto da boca. A promotora parecia desconfiada da minha atitude. A defensora pública tinha uma atitude resiliente. O outro promotor revelou-se apreensivo. "Não! Temos estadia para mais um dia no hotel Intercontinental. Queremos ir para lá", respondi alto. O clima mudou, e a promotora pediu para ver os vouchers. A sorte estava lançada. A ordem agora era nos levar ao hotel ao qual pagamos pela hospedagem para mais uma noite. Mas isso despertou a ira dos agentes. Afinal, eles não estavam acostumados a perder. Nós tivemos sorte e uma ajudinha da Rosana, mas o que parecia ser o fim do pesadelo... era só o início.

CAPÍTULO 11

A FALSA LIBERDADE

A SENSAÇÃO ERA A DE QUE ESTÁVAMOS A CAMINHO da tão esperada "liberdade". Tinham sido quinze horas no cárcere até então, com os direitos cerceados. Sem muitas palavras. Sem ter a quem recorrer. Mas agora, não... Agora a sensação havia mudado. A determinação da promotora era a de nos levar para o hotel onde estávamos hospedados na noite que antecedeu à prisão. Onde tínhamos hospedagem para mais uma noite. Onde havíamos sido muito bem tratados pelo gerente no momento da nossa chegada, onde havia conforto e onde os agentes do Sebin não tinham controle absoluto. Ou, pelo menos, era o que eu pensava.

Era madrugada. Gilson e eu entramos no carro com vidros escuros da polícia política, que, cumprindo a ordem, nos levaria ao hotel. Na decisão, a promotora não havia especificado que estaríamos livres nem, é claro, que os agentes nos deixassem sozinhos. Tudo era meio nebuloso. Não havia muita informação, e poucas vezes os agentes falavam entre si na nossa frente. Talvez por receio de que pudéssemos entender o que diziam, talvez porque quisessem nos ouvir conversando para tentar entender o que dizíamos, ou talvez porque houvesse um gravador dentro do carro. Nunca saberemos. Àquela altura, não tínhamos certeza de nada, apenas de que a promotora havia ordenado na nossa frente que os agentes nos levassem até o hotel. Mas eles seguiriam essa ordem ao "pé da letra"? Tinham poder para decidir o que fazer naquele momento? Não sabíamos. Estávamos num carro sem identificação da polícia, invisíveis, de madrugada, numa cidade nos cafundós da Venezuela e com dois agentes da polícia política bolivariana à paisana e armados nos bancos da frente. Na minha cabeça, só passava o pior. Eu sei que deveria ser otimista, mas a história recente não me ajudava. Por outro lado, pensei que eles não poderiam nos fazer nada, já que agora a promotoria e a defensoria pública sabiam para onde os policiais deveriam nos levar. Mesmo assim, estávamos num país comandado por uma ditadura militar, nas mãos dos militares que tinham carta branca do governo Maduro para fazerem o que quisessem, inclusive silenciar quem os contrariava.

A viagem de carro parecia uma eternidade. Ruas vazias, algumas sem iluminação, e um silêncio absoluto dentro do veículo. Gilson e eu falávamos pelo olhar. Apesar do nosso contato constante com os agentes do Sebin durante a prisão, a dupla que estava no carro era desconhecida e não tínhamos visto ainda. Os agentes eram de poucas palavras. O motorista dirigia devagar, como se estivesse esperando alguma ordem pelo telefone. Depois descobrimos que essa lentidão tinha outro objetivo: desfazer nossa hospedagem no Intercontinental. Sim, eles tinham o poder de intimidar, persuadir e controlar qualquer estabelecimento comercial no país. Não pensaram que nós, sem contato com o Brasil, conseguiríamos mais uma noite de hospedagem no hotel tão rapidamente. Ao descobrirem que havíamos conseguido mudar os planos dos agentes de nos levar ao hotel controlado pelo governo, eles precisavam de tempo para conseguir desfazer nossa hospedagem. Alguém lá dentro havia ficado muito chateado com esse contratempo. Agora, os agentes precisavam desse curto período de tempo para esperar a equipe da promotoria sair do prédio do Sebin e, pelo telefone, conseguir reverter nossa reserva no hotel. Dito e feito.

Nossa chegada ao hotel foi tranquila. Descemos do carro com as mochilas, que os agentes haviam nos devolvido. Eles ficaram com o notebook e as duas câmeras. Devolveram apenas as roupas e os celulares naquele momento. Os policiais pareciam tranquilos. Bem diferentes do gerente do hotel. O mesmo que no dia da nossa chegada havia sido simpático, acolhedor e prestativo, agora tinha uma feição diferente. Ele suava a ponto de molhar o terno. Desta vez, a voz embargava. Ele gaguejava. Falava tão rápido que era difícil o entendimento. A mudança na recepção era notória. O gerente nos dava informações no balcão, mas olhava diretamente para os agentes que estavam atrás de nós. Colados, como dois carrapatos. Enquanto lia as informações no computador, o gerente limpava o suor. Aquilo me causou estranheza. "Mas por que esse gerente tão simpático que nos recebeu ontem está agora tão nervoso?", pensei. Havia algo errado no ar, e comecei a desconfiar quando perguntei sobre nossa reserva. "Não há reserva em nome de vocês", respondeu o gerente antes mesmo que eu terminasse a pergunta. Insisti, mostrando os vouchers emitidos pelo hotel via internet que comprovavam o pagamento da nossa estadia – os mesmos que apresentei à promotora do Ministério Público venezuelano na sala do chefe do Sebin. O gerente mais parecia que havia tomado um banho, e os meus argumentos não o ajudavam a secar.

Os agentes se entreolhavam. O gerente insistia que não havia reserva em nosso nome, apesar dos comprovantes. Gilson estava cansado e permanecia em silêncio. A expressão dele me preocupava. Eu não havia percebido, mas, enquanto eu discutia com o gerente no balcão da recepção, sempre escoltado pelos policiais, Gilson tentara contato com o Brasil. Percebendo uma distração dos agentes em meio àquela confusão, ele pegou o telefone celular em cima do balcão e enviou uma mensagem para a esposa. Como não foi repreendido por ninguém, decidiu, então, se afastar da recepção e fazer uma ligação telefônica para dizer a ela sobre a nossa soltura e que em breve seríamos extraditados da Venezuela. Enquanto ele tentava tranquilizar a mulher com a notícia de que seríamos soltos e voltaríamos para casa, um dos agentes, percebendo que Gilson estava em uma ligação, arrancou o telefone das mãos dele com toda a força e disse em voz alta: "Que parte você não entendeu que vocês estão presos?!". A esposa ouviu a bronca do agente e entrou em desespero do outro lado da linha. "Naquele momento, fiquei com muito medo e passei a ter dúvidas sobre a nossa liberdade", disse Gilson mais tarde. No momento da discussão, eu já suspeitava que os policiais haviam ligado para o hotel e dado a ordem para que não nos hospedassem. Depois de muita insistência, o gerente saiu do balcão da recepção e entrou numa sala privada. Sozinho. Os agentes falavam ao telefone a menos de um metro de nós. Gilson e eu conversamos sobre o que fazer naquele momento, falando baixo para não nos ouvirem. Já havia sido uma noite sem dormir depois de fazer uma reportagem cansativa pelas ruas de Maracaibo, a tensão da prisão, vários interrogatórios, pouca comida, falta de informação... Isso tudo estressa. Gilson estava nervoso e eu também, mas sabia que ninguém mais poderia nos tirar daquela situação. A gente precisava estar alerta. Os agentes se aproximaram e sugeriram que, para resolver logo aquela situação, fôssemos para o outro hotel – aquele mesmo onde não teríamos nenhum tipo de segurança. Isso me deixou ainda mais preocupado.

O gerente retornou e insistiu que não havia vagas. "O hotel está realmente lotado. Houve um erro no sistema e o dinheiro será devolvido", disse, olhando diretamente para os agentes. Insisti. Pedi mais uma vez que o gerente verificasse no sistema nossas reservas. Demonstrei toda a minha irritação com aquela situação. Em vão. Mas precisava ganhar tempo para decidir o que fazer para sair daquela enrascada. Sabia, naquele momento, que o hotel tinha ordens expressas para não nos deixar ficar ali. "Como um hotel gigante e vazio, de repente, ficou lotado em pleno domingo?", questionei. A cada minuto, eu ficava mais apreensivo, mas já havia decidido que não sairia daquele lugar. Pelo menos, não naquela noite.

O clima no saguão do hotel já era de apreensão entre funcionários e os poucos hóspedes que passavam pelo saguão. Eu precisava fazer uma ligação, mas os agentes não nos deixavam usar o celular. Decidi ir ao banheiro enquanto o gerente tentava refazer a pesquisa no sistema. Era minha única chance. Um agente me acompanhava aonde eu fosse, inclusive até a porta do banheiro. Éramos vigiados o tempo todo. Não havia espaço. Para minha sorte, o policial, dessa vez, ficou do lado de fora do sanitário. Gilson permaneceu no saguão sendo vigiado pelo outro agente. Minha ação foi rápida. Ocorreu-me, naquela hora, que poderia tentar fazer uma chamada telefônica, como uma última cartada de um repórter desesperado. As únicas pessoas que me vieram à cabeça foram os advogados dos direitos humanos amigos de Jesús, que havíamos conhecido horas antes na prisão. Eu não conhecia mais ninguém na Venezuela que pudesse nos ajudar. O chip do telefone havia sido comprado na Venezuela e uma ligação para o Brasil seria muito cara, além de não ajudar muito ali.

O advogado atendeu e reconheceu minha voz. Talvez por ser muito jovem tenha demorado em entender o que estava acontecendo. Tentei explicar em voz baixa para não ser ouvido pelo policial do lado de fora do banheiro. Lá dentro, trancado na cabine do vaso sanitário, avisei a ele que Gilson e eu corríamos risco de sermos levados para o hotel do governo, onde seríamos alvos fáceis para os agentes. O advogado compreendeu e ficou em silêncio. Meu nervosismo aumentou, e pedi ajuda sobre o que fazer naquela situação. Contei com a sorte de um dos advogados já ter enfrentado uma situação parecida na Venezuela e saber o que deveríamos fazer. Após alguns segundos, que mais pareciam uma eternidade, ele respondeu: "Não saiam daí de jeito nenhum! Estamos indo agora para o hotel". Nada havia se resolvido ainda, mas, para mim, aquela foi uma das poucas sensações de alívio desde que chegamos à Venezuela. O agente me acompanhou de volta ao saguão. Gilson estava em pé na frente da recepção, ao lado do outro policial. Ele ainda não sabia, mas eu precisava ganhar tempo ali para esperar a chegada dos advogados.

Ainda nervoso, o gerente do hotel nos abordou mais uma vez: "Quero insistir que não temos mais quartos disponíveis e vocês não vão poder ficar no hotel", disse ele novamente. Um dos agentes (aparentando ter conseguido o que queria) repetiu as palavras do gerente insistindo que, já que não havia mais vagas no hotel, teríamos que ser levados para o outro, o Kristoff. Decidi apelar. Falei aos quatro que não íamos deixar o hotel, porque, se tínhamos pago pelas reservas e a promotora nos mandara ficar ali, nós ficaríamos de qualquer maneira. Gilson ainda não havia entendido por que eu insistia tanto àquela altura em ficar num hotel onde não podíamos dormir e por que eu não aceitava a "proposta" incansável de ser levado para o hotel escolhido pela polícia política. Ainda não havíamos tido tempo sozinhos juntos desde que saíramos da cela nem conversado sobre o assunto. Gilson não havia prestado muita atenção nas explicações de Jesús sobre o hotel tomado pelo governo quando chegamos em Maracaibo, mas eu lembrava muito bem. Enquanto os dois policiais e o gerente insistiam para que deixássemos o Intercontinental, Gilson me chamou de canto. "Leandro, vamos embora. Por favor, cara! Estou muito cansado. Não aguento mais ficar aqui e preciso dormir", falou baixo para que os agentes não ouvissem a reivindicação. Foi a minha deixa.

"Gilson, precisamos ganhar tempo. Consegui falar com os advogados dos direitos humanos e eles estão vindo para cá. Precisamos enrolar esses caras!", respondi. "O hotel para onde os policiais querem nos levar é o mesmo que foi tomado pelo governo Maduro há meses. Esqueceu? Lá não teremos privacidade nenhuma. E se, durante a noite, eles colocarem drogas nas nossas mochilas? Se isso acontecer, seremos acusados de tráfico internacional de drogas e nunca mais sairemos da Venezuela", endureci. Gilson entendeu na hora. Ficou mais alerta, mas não havia muito a ser feito. Quando voltamos ao grupo no meio do salão do hotel, nossa opinião era a mesma, e a discussão voltou. Alguns minutos depois, chegaram os mesmos advogados que haviam nos visitado no Sebin. Agora tínhamos uma defesa, uma espécie de proteção. Alguém que conhecia as leis do país e sabia o que poderia ser feito para que não corrêssemos ainda mais perigo. Advogados, gerente e policiais passaram a discutir sobre o nosso futuro pelo que pareceram horas. Estávamos agora nas mãos deles.

Ainda era madrugada e estávamos cansados, mas eu não podia entregar os pontos. Gilson e eu sentamos no sofá do saguão, de onde podíamos observar a ação de cada um deles. Os policiais não saíam do telefone, afinal eram apenas agentes que precisavam reportar tudo o que acontecia ali aos superiores, e o jogo estava ruim para eles agora. Os advogados pressionavam o gerente do hotel. O clima era tenso e nós estávamos no meio daquela confusão. Minutos depois, interrompi a discussão acalorada entre policiais e advogados: "Chegaram a um acordo?". O advogado respondeu que sim, um policial disse que não. Nesse momento, algo ainda mais estranho aconteceu. Depois de tanto insistir que o hotel estava com a lotação esgotada, o gerente trouxe um "milagre": "Surgiram dois quartos vagos agora", falou, ainda mais nervoso. "Como ele conseguiu dois quartos num hotel lotado?", eu me perguntava. Não demorei muito para descobrir. Os policiais haviam conversado com ele e ordenado que ele mudasse a informação sobre a superlotação do hotel. Tudo levava a crer que, como estávamos dificultando as coisas, o funcionário havia sido coagido a dizer que agora, milagrosamente, havia dois quartos disponíveis para que pudéssemos nos hospedar e, assim, sair do saguão. Os agentes se aproximaram e reafirmaram a minha suspeita com a notícia de que, como existiam exatamente dois quartos disponíveis, Gilson e eu teríamos que dormir separados e cada um de nós teria de ser vigiado por um dos policiais dentro do cômodo. Reagi: "Ninguém vai dormir comigo no quarto. Isso é invasão, e nós não vamos conseguir dormir com um policial ao lado". A briga continuou. Ninguém chegou a um acordo. O risco de passar a noite muito cansado e sendo vigiado de perto por um agente da polícia política era enorme. Eu tinha cada vez mais certeza de que não sairíamos livres daquela situação, que eles tentavam controlar a todo momento. A intenção era nebulosa, mas, para mim, estava claro: não havia, pela lei venezuelana, motivos para nos manter presos, e eles precisavam de um. Mas eu não queria facilitar a vida deles. Tive que ser mais enfático: "Já que vocês não chegaram a um acordo, não há mais de dois quartos disponíveis para vocês dormirem e não vamos deixar o hotel... Nós vamos dormir aqui mesmo no saguão!". Dito e feito, mas eu sabia que não conseguiria dormir.

Havia quatro sofás no hall, perto da porta da saída. Dois grandes de três lugares, que ficavam um de frente para o outro, e dois médios, com dois lugares cada. Gilson e eu estávamos sentados um ao lado do outro no sofá grande. No sofá de frente para o nosso, sentaram os dois "cães de guarda". Nos outros dois, dividiram-se os três advogados. Sim, eles passaram a noite ali, ao nosso lado. Como eu ainda tinha um pouco de dinheiro na carteira, decidi oferecer comida a eles, como forma de criar empatia e uma boa relação entre todos. O advogado se ofereceu para comprar os lanches numa lanchonete que ficava aberta durante a madrugada, próxima ao hotel, enquanto as mulheres do grupo ficaram com a gente no saguão. A dupla de policiais estava faminta e aceitou na hora a oferta de comida. O país passava por uma crise sem precedentes, e comida de graça não dava para recusar. Estava próximo da troca de turno dos agentes. A cada duas horas, chegava uma nova dupla de policiais para nos vigiar. A dupla seguinte recusou o lanche que oferecemos depois mais uma vez. A noite foi longa. Fomos assim, assistindo às trocas de policiais, até por volta de oito horas da manhã do dia seguinte: sentados no hall do hotel, sem pregar os olhos, batendo papo com os advogados e tentando "quebrar o gelo" com os novos policiais, que se mantinham quase sempre em silêncio. Horas antes, os agentes que nos acompanharam até o hotel nos haviam passado a informação de que seríamos levados para a sede do Sebin em Caracas, onde o chefe nacional da polícia política nos esperava. Mas não souberam dizer nem quando nem como isso aconteceria. A única coisa que passava pela minha cabeça ali era que precisávamos descansar, porque o domingo ainda seria longo.

Foto superior: rua que dá acesso à obra da Odebrecht que previa a construção da ponte Nigale sobre o lago de Maracaibo.

Foto superior direita: placa principal da obra da Odebrecht na construção da Ponte Nigale. É possível ver na imagem a data da assinatura do contrato da obra com a construtora brasileira: 02/10/2008.

Foto ao lado: uma das placas da obra da Odebrecht que previa a construção da ponte Nigale. A placa mostra a parceria da empreiteira com o governo venezuelano e a petrolífera PDVSA.

Obra: SEGUNDO CRUCE DEL LAGO DE MARACAIBO – PUENTE NIGALE

IDENTIFICACION DEL PROCEDIMIENTO: CONVENIO BÁSICO DE COOPERACION TÉCNICA VENEZUELA / BRASIL

CONTRATO: MPPTT – ODEBRECHT CONTRATO, 02-10-2008 DOCUMENTO COMPLEMENTARIO N° 1, 27-02-2012

CONTRATISTA: CONSTRUTORA NORBERTO ODEBRECHT S.
R.I.F.: J-00363691-6

INGENIERO RESIDENTE: JOHNNY ALBERTO GAMBOA
C.I.V. No.: 95.228

INGENIERO INSPECTOR: FREDDY JOSE LEON G.
C.I.V. No.: 15.797

PDVSA
Ingeniera y Construcción
ODEBRECHT
Segundo cruce del Lago de Maracaibo
Proyecto Puente Nigale

PRECAUCIÓN

ENTRADA Y SALIDA EQUIPOS PESADOS

REDUZCA VELOCIDAD

CAPÍTULO 12

A VIDA POR UM FIO

GILSON E EU AINDA NÃO SABÍAMOS qual seria nosso destino naquele domingo, 12 de fevereiro de 2017. No saguão do hotel, todo mundo de olhos bem abertos. A dupla de policiais já havia trocado de turno. Caras novas, descansadas e sempre fechadas, como se tivéssemos cometido um crime terrível e oferecêssemos risco a alguém. A conversa com os advogados durou a metade da noite. A outra metade foi uma luta, minuto a minuto, para tentar esquecer o silêncio que pairava no saguão do hotel durante a madrugada e não fechar os olhos.

O dia amanheceu. O cansaço de quem não dormia há muitas horas era grande. Os agentes se despediram dos advogados e nos levaram até o carro da polícia. Ninguém sabia para onde seríamos levados. Havia um clima de apreensão no ar. Não sabíamos nada, apenas que ainda estávamos em Maracaibo, num país controlado por uma ditadura militar, vigiados por policiais 24 horas, sem dinheiro, sem destino e sem comunicação com ninguém.

O carro saiu em alta velocidade. Dentro do veículo à paisana, apenas Gilson, eu e dois agentes do serviço de inteligência. Voltamos à sede do Sebin. Os agentes ordenaram que a gente saísse do carro e entrasse numa caminhonete blindada, alta, quadrada, de ferro reforçado. Antes de embarcar, fomos algemados. Mãos para a frente. E, sem explicação, jogados no banco de trás. A caminhonete saiu em disparada. Outro veículo blindado foi atrás para fazer a escolta. Não dava para ver quem estava dentro. No carro em que estávamos, dois agentes viajavam nos bancos da frente. Eu perguntei para onde iríamos, mas ninguém respondeu. Minutos depois, nosso destino foi revelado. Fomos levados a um terminal aéreo de cargas, aparentemente controlado pelo Exército venezuelano. O que eu imaginava acabou se concretizando: seríamos transferidos para algum lugar. "Será mesmo para Caracas, onde o chefe do Sebin nos espera, como disseram os policiais que nos vigiavam no hotel?", pensei. Nosso veículo parou ao lado da pista de pouso usada apenas por aviões de pequeno porte, e um avião branco com capacidade para apenas seis pessoas nos esperava, já preparado para a decolagem. Começava aí um espetáculo criado pela polícia de Maduro.

Descemos do carro apenas com as mochilas nas costas e as mãos algemadas. Os policiais ficaram com os telefones celulares, as câmeras e o meu computador de uso pessoal. Um grupo de homens com roupas pretas, coletes à prova de balas, armados de fuzis e encapuzados com apenas os olhos de fora nos abordou na porta do veículo blindado. A informação era a de que seríamos transferidos para os "superiores". Mas quem seriam esses superiores? Onde ficavam? Será que falavam a verdade sobre o nosso destino? Tudo passava pela minha cabeça naquele momento. Enquanto um dos encapuzados nos dava essa única informação, fomos empurrados em direção ao avião. Desde que saíramos da sede do Sebin em Maracaibo, um dos policiais nos filmava com um telefone celular. O mesmo agente continuou a filmagem quando descemos do carro blindado na pista de pouso. Ele gravava toda a ação de transferência dos presos como se aquilo fosse um documentário, mas o "cinegrafista" não era de nenhum jornal a fim de registrar a notícia. Era um vídeo interno da polícia política. Dois jornalistas brasileiros algemados, acusados de espionagem e terrorismo, eram escoltados por homens no estilo *Tropa de elite*. Era um show, mas ninguém sabia até onde iria esse espetáculo.

Enquanto éramos conduzidos ao avião, a ordem era que mantivéssemos a cabeça abaixada, o que eu insistia em não fazer. Não queria que minha imagem, fosse por que motivo fosse aquele vídeo, demonstrasse que eu estava arrependido de ter feito o meu trabalho como jornalista. A cabeça baixa significava para mim um gesto ruim, que poderia transmitir algum tipo de erro, e eu não havia cometido nenhum, mas o caminho até a porta da aeronave foi curto. Lá dentro, apenas o piloto – não havia espaço para um copiloto. Atrás do banco do piloto, sentaram-se três homens de preto com toucas e fuzis, de frente para a traseira do avião. Gilson e eu fomos obrigados a nos sentar no sentido contrário, de frente para os policiais, ao lado da porta que passou 100% do tempo aberta.

O avião levantou voo. No ar, já não havia para onde tentar escapar. No céu, apenas o som do vento que entrava pela porta aberta ao meu lado e o barulho do único motor da aeronave. Eu era o mais vulnerável; Gilson estava sentado do lado contrário da porta, o que lhe dava mais proteção. Uma guinada brusca para o lado errado e eu já poderia dizer adeus...

O avião voava baixo, sobre florestas e estradas de terra batida. Gilson me olhava com a expressão tensa. Não sabíamos para onde estávamos sendo levados, e a impressão que dava era a de que poderíamos pousar em qualquer uma daquelas estradas no meio do nada. Dentro da cabine, silêncio. Olhei para a frente e os três policiais estavam com olhares fixos em nós. Ocorreu-me naquele momento que, se o piloto decidisse pousar em uma daquelas estradas, ninguém saberia o nosso paradeiro. Poderíamos simplesmente sumir. Estávamos à mercê de uma decisão deles. Resolvi então começar a falar. Não sabia exatamente o que dizer, só queria ter a certeza de que, se algo de ruim nos acontecesse, eu havia tentado de tudo para nos salvar. Naquele momento, a minha única arma era a voz, a comunicação. Enquanto o avião subia e descia ao sabor do vento, eu pensava no que dizer para demovê-los da eventual ideia de nos fazer desaparecer no meio do nada. É incrível como o cérebro humano pode agir em situações de perigo ou de extremo estresse. As palavras surgiam como gotas numa tempestade. Confesso que, até hoje, não sei se os agentes do serviço bolivariano de inteligência entendiam a chuva de palavras que saíam da minha boca, mas não parei de falar nem por um minuto sequer. A cada pergunta que fazia aos policiais, sentia que a paciência deles diminuía. Queria saber para onde estávamos sendo levados, o que iria acontecer, quando seríamos soltos etc. Tudo em vão. Foi inocência achar que alguém diria a verdade para dois presos, mas eu precisava tentar. No mínimo, tinha que fazer com que não quisessem nossa presença por muito tempo. Contei com a sorte e também com o fato de eles serem apenas soldados cumprindo ordens.

Claramente, minha estratégia não estava dando certo, pois um deles se cansou e me fez uma ameaça: "Se você não parar de falar, vou empurrá-lo do avião". Respondi que, se fosse empurrado, levaria um deles comigo. A resposta precisava ser rápida, e eu contava que eles não atirariam em um repórter brasileiro desarmado. Um corpo com um buraco de bala no peito não é indício de suicídio. E mais: eles poderiam até fazer terror psicológico, mas dois jornalistas de uma grande emissora de televisão brasileira desaparecidos no país deles podia dar início a um incidente diplomático, e, cá entre nós, piorar ainda mais a relação com o Brasil naquele momento não era um bom negócio para os venezuelanos. A Venezuela tinha pouco mais de 28 milhões de habitantes e vivia uma crise econômica sem precedentes gerada pela corrupção política. Não havia comida para a população, nem para o exército. Entrar em guerra com o Brasil não seria interessante para nenhum dos países. Claro que não me lembrei disso tudo na hora, mas dei uma resposta à altura para mostrar que não tinha medo. Ou, pelo menos, fingir que não tinha. O agente riu, mas não se levantou nem apontou o fuzil para mim. Ainda bem. Era apenas uma ameaça, mas a tentativa de nos amedrontar e nos calar revelou muito sobre nosso futuro. Ao contrário do que se poderia pensar, a atitude mostrou, de alguma maneira, que aqueles homens não estavam ali para nos matar. Se quisessem fazer isso, não precisavam pousar o avião naquela região isolada, e, como não haviam nos empurrado porta afora ainda, as poucas palavras do agente irritado demonstraram que aquele grupo só cumpria a ordem de nos transportar. De certa forma, aquilo me tranquilizou.

A viagem foi relativamente curta, cerca de uma hora, mas confesso que viajar algemado, ao lado da porta aberta de um avião teco-teco, na frente de homens armados e encapuzados, prolongou a sensação de tempo. Pousamos em Caracas, capital venezuelana, em uma pista de pouso do terminal destinado a aviões pequenos. Um grupo do Sebin nos esperava no hangar. Gilson e eu descemos algemados do avião. Os agentes nos entregaram ao que pareciam ser os tais superiores. Estávamos em Caracas, no mesmo aeroporto onde desembarcáramos pela primeira vez na Venezuela, dias antes. Mas a sensação não era de estarmos mais perto de casa. Os agentes nos conduziram até o interior do prédio, a uma área restrita onde só se tem acesso com autorização. Lá dentro, vários outros policiais nos olhavam passar. Era como se Gilson e eu fôssemos criminosos perigosos. Eram olhares de reprovação. Nosso destino agora seria decidido numa sala, entre os chefões da polícia política de Maduro. Do lado de fora, esperamos no corredor. As algemas foram retiradas. Gilson e eu fomos encaminhados a uma sala para uma nova revista. Foi questão de segundos entre uma sala e outra, mas suficiente para me lembrar dos cartões de memória da câmera dentro da minha carteira. Até então, ninguém havia mexido nas nossas carteiras. Pelo menos, não haviam vasculhado... Mas, dessa vez, estávamos na sede, com os superiores. A ordem era para que tirássemos a roupa. Aparentemente, a revista seria mais rigorosa agora, já que ainda não nos haviam obrigado a ficar nus ou quase isso. Minha tensão aumentava enquanto os agentes abriam mochilas, verificavam os bolsos das calças e viam nossas carteiras. Meu medo, claro, era de que alguém encontrasse os cartões de memória da câmera que guardavam imagens e entrevistas que havíamos gravado desde que chegamos ao país. Até então, eu imaginava que os agentes do Sebin haviam apagado apenas o que estava registrado na memória da câmera. Ninguém sabia que dentro da minha carteira, atrás de um cartão de crédito, havia os dois cartões de memória da câmera, retirados assim que fomos cercados na estrada pelos agentes do Sebin.

Mais do que nossas carteiras cheias de documentos, cartões e papéis, algo havia chamado a atenção dos investigadores durante a revista: nossa pauta. Sim, nós tínhamos o costume, na época, de imprimir a pauta em papel e levar para a locação da reportagem! E eu não me lembrava que uma parte da pauta ainda estava dentro da mochila que ninguém havia descoberto ainda, mesmo dias depois da nossa chegada. Um papel amassado, perdido dentro de um fundo falso na minha mochila. Mas o problema não era a pauta em si, já que ela dizia exatamente o motivo da nossa viagem à Venezuela, o que corroborava com nosso depoimento durante os incansáveis interrogatórios em Maracaibo. O problema era que, na pauta, havia o nome de um dos nossos entrevistados, considerado o homem mais "perigoso" do país pelo governo de Nicolás Maduro: o então deputado da oposição Juan Guaidó. Quando os agentes leram o nome de Guaidó na pauta, as expressões mudaram dentro da sala. Na hora, me veio à cabeça a fala do agente que nos acompanhara até o hotel no dia da prisão: "Se nosso chefe vir esta gravação, vocês nunca mais vão sair da Venezuela!". A minha lembrança só fez aumentar a sensação de medo de nunca mais voltar para casa. Os policiais pegaram o papel e saíram da sala, mas antes mandaram que colocássemos as roupas. Gilson e eu ficamos sozinhos, mas trocamos poucas palavras. Sabíamos que aquele "vacilo" podia custar o fim da nossa possível liberdade e significar o aumento da nossa permanência no país. A boa notícia era que ninguém havia encontrado os cartões de memória. Eles ainda estavam lá, no mesmo lugar onde os deixei.

O chefe entrou na sala com uma expressão nada boa de poucos amigos. Ele perguntou por que tínhamos um papel com o nome de Guaidó, se havíamos encontrado com ele e qual o motivo do encontro. Queria saber qual era nossa relação com um político que faz oposição ao governo do ditador Nicolás Maduro. Um homem procurado pelo "crime" de oposição política. O clima era pesado. O chefe do Sebin queria uma resposta rápida que agradasse suas expectativas. Tentei repetir o que já havia explicado antes em Maracaibo: o motivo da nossa passagem pela Venezuela, o teor da nossa reportagem, a investigação sobre as suspeitas de corrupção envolvendo as empreiteiras brasileiras no exterior. Justifiquei a entrevista de Guaidó como a tentativa de ouvir um político que não é ligado ao governo, mas o chefe não gostou da explicação. Horas se passaram dentro da sede do Sebin em Caracas. Sem comunicação, sem informação sobre nosso futuro, sem comida e, o pior de tudo, sem a matéria. Gilson e eu fomos levados à outra sala, uma espécie de antessala do chefe do chefe, em um lugar dentro do aeroporto de Caracas ao qual apenas os militares do alto escalão têm acesso. No local, uma mesa com objetos militares e uma bandeira venezuelana, um banco de três lugares e uma única janela de vidros escuros com vista para uma área reservada do saguão do aeroporto. Em volta, paredes brancas intactas. Apenas um quadro grande pendurado no centro da parede decorava a sala: o desenho do busto de Hugo Chávez com a frase escrita em espanhol com letras garrafais bem acima da moldura: "AQUI NÃO SE FALA MAL DE CHÁVEZ". O que aconteceu nessa sala, a partir dali, só aumentou minha percepção de que estávamos sendo tratados como criminosos de alta periculosidade e de que havia fanatismo, sim, entre os policiais que apoiavam as decisões do governo do ditador Maduro, mas nem todos eram fanáticos.

Enquanto esperávamos uma decisão sobre o que nos aconteceria, Gilson e eu ficamos sentados no banco logo abaixo do quadro com a imagem de Chávez. Na mesa à nossa frente, para tomar conta da dupla de presos, um policial bem jovem. O chefe entrava e saía da sala, passando por nós rapidamente e em silêncio. Quando ele aparecia, o jovem policial também ficava em silêncio. Enquanto aguardávamos o nosso futuro, os policiais trouxeram para a mesma sala em que estávamos uma mulher que havia acabado de ser presa com cocaína tentando embarcar num voo. O lugar onde aguardávamos uma posição sobre nossa libertação era o mesmo em que ficavam os presos suspeitos por tráfico de drogas. Assim que a mulher algemada entrou na sala acompanhada de um policial, nos olhamos. Não foi difícil decifrar o que Gilson estava pensando. Era o mesmo que eu. Éramos dois jornalistas brasileiros tratados como terroristas internacionais, e isso ficou mais claro poucas horas depois, quando saímos da sala.

O jovem policial que nos vigiava aproveitava a ausência do chefão para puxar papo. Dizia que adorava o Brasil, que morar na Venezuela estava terrível e que, se pudesse, sairia de lá. O rapaz ainda revelou que trabalhava na polícia porque não havia emprego, mas não concordava com o tratamento que estavam nos dando por fazer o nosso trabalho. Havia certa inocência no discurso e, ao mesmo tempo, um pensamento mais democrático em meio a tantos exemplos de autoritarismo. Por outro lado, o que me chamou a atenção foi que perguntava repetidas vezes se nós estávamos com fome. Mesmo sabendo que fazia tempo que estávamos sem comer, o policial não esboçou nenhuma tentativa de trazer comida. "Será que ele está nos testando? Será que é outro tipo de tortura?", pensei imediatamente. Mas nossa conversa não durou muito. O chefe do Sebin entrou na sala acompanhado de dois soldados fardados com uniformes da polícia nacional bolivariana e uma prancheta nas mãos. Os três se puseram na nossa frente, e o chefe nos explicou que seríamos expulsos do país e que, a partir daquele momento, Gilson e eu éramos *personas non gratas* na Venezuela. "Se quiserem voltar ao país, mesmo que para nos visitar, peçam autorização especial na Embaixada da Venezuela no Brasil, se houver", disse ele. As últimas palavras foram: "O soldado está com as leis nas mãos e vai ler em voz alta o motivo da sua expulsão". Enquanto isso, o terceiro homem filmava a ação com um telefone celular.

Parecia coisa de filme. O soldado passou a ler, sempre em espanhol da Venezuela, os artigos de leis que, segundo eles, serviram de base para nosso processo de expulsão. Mas ele fazia isso cantando e em voz alta. Era como se a Venezuela vivesse ainda em outro tempo. Duzentos ou trezentos anos atrás. A leitura da lei em forma de canto significava mais para eles do que para nós. Era impossível entender o que o soldado declamava. Ficamos ali cerca de trinta minutos ouvindo o canto da lei. Era tragicômico. Surrealista, mas, ao mesmo tempo, demonstrava o nível de poder que o governo exerca sobre os militares e o nível de fanatismo dos policiais em relação ao chavismo.

Saímos da sala algemados e, mais uma vez, escoltados por policiais encapuzados, fardados, de coletes à prova de balas e armados de fuzis. Não consegui contar quantos agentes nos cercavam, mas eram muitos. Só que, desta vez, nosso caminho era pelo saguão do aeroporto de Caracas, na frente de funcionários e passageiros que aguardavam seus voos. Enquanto caminhávamos, os policiais que nos escoltavam davam empurrões e gritavam: "Terroristas! Traidores da pátria! Traidores da nação!".

O policial que havia filmado todo o nosso trajeto até ali continuava gravando o vídeo pelo celular e a todo momento tentava captar a imagem de nossos rostos com a câmera. Os policiais que vinham na frente e atrás gritavam, xingavam, filmavam, e os que vinham ao nosso lado ordenavam que a gente respondesse às agressões, mas pedi que Gilson permanecesse em silêncio e de cabeça levantada.

Enquanto isso, no Brasil, Rosana e o editor do *Jornal da Record*, Octavio Tostes, continuavam a batalha atrás de informações. Agora, sobre o nosso retorno. Poucas notícias eram repassadas pelo consulado brasileiro na Venezuela, que sofria os reflexos da mudança de governo no Brasil. Nessa tentativa de conseguir notícias sobre o nosso paradeiro foi que Rosana e Tostes descobriram que, com a saída de Dilma Rousseff do poder e a ascensão de Michel Temer, o governo de Maduro não reconhecia mais o papel do consulado brasileiro. Mesmo com toda a dificuldade, o apoio dos funcionários consulares foi fundamental para que os dois recebessem algum tipo de retorno sobre a nossa localização, já que não tínhamos mais nossos aparelhos celulares. Ao receber a informação da nossa possível partida para o Brasil, um representante do consulado foi até o aeroporto acompanhar nossa expulsão para saber nosso estado de saúde. Mesmo barrado no saguão do terminal pela polícia de Maduro, ele conseguiu descobrir que estávamos a caminho do avião. O mesmo funcionário repassou a informação ao consulado do Brasil em Lima, no Peru, para onde seguiríamos assim que o avião da companhia aérea Avianca saísse de Caracas. Imediatamente, Rosana e Tostes também receberam a informação.

Atravessamos o saguão do aeroporto ao som dos gritos enfurecidos dos policiais armados até a porta do avião que nos aguardava para partir. As algemas foram retiradas na porta da aeronave. Gilson e eu sentamos juntos sob os olhares assustados de passageiros e comissários. Ainda tínhamos medo de estar sendo seguidos. O que nos garantia que não? Nosso silêncio falava por nós. Pedi que Gilson não falasse até que o avião saísse do espaço aéreo venezuelano. Esperançosos de que estaríamos naquele voo, mas ainda sem ter certeza, Rosana e Tostes acompanhavam ansiosos, da redação no Brasil, o trajeto da aeronave até o Peru por meio de um sistema de rastreamento de voos, um site que mostra o percurso do avião no ar. Dentro da aeronave, sentados na classe econômica, Gilson e eu também acompanhávamos apreensivos o mapa de voo que aparecia, por meio do sistema de bordo do avião, na tela do assento da frente. Depois de alguns minutos de voo, o desenho da aeronave que aparecia na TV demonstrou uma curva acentuada para a direita, o que indicava que nosso avião estaria tentando voltar para o aeroporto em Caracas. Nossa expressão era a de quem não conseguia acreditar no que estava acontecendo. "Será que aconteceu algum problema? Nosso voo está voltando? O que houve?", perguntei ao Gilson com a voz trêmula. O meu desespero era evidente, e o de Gilson não ficava atrás. Não podia acreditar que, depois de tudo o que havíamos passado, bem no momento em que conseguíamos sair do país, havia acontecido algum problema com o voo. Era muito difícil pensar que esse problema não estava relacionado com a gente. Foram alguns minutos de muita tensão dentro da aeronave sem que nenhum outro passageiro soubesse o que estava acontecendo, até que a posição do desenho do avião na tela voltou ao curso normal. Ufa! Estávamos realmente saindo da Venezuela! A sensação de alívio era inexplicável.

Assim que desembarcamos em Lima, fomos recepcionados por um funcionário da embaixada brasileira que avisou a Rosana e Tostes sobre o encontro. Era a sensação de alívio que nossos colegas de redação aguardavam – só assim conseguiram voltar para casa para dormir depois de trinta horas de tensão. Mas a estrutura da cobertura que acompanharia nosso desembarque no Brasil na madrugada de segunda já estava montada. Como acontece em casos semelhantes, toda a imprensa também acompanhou nossa chegada. Naquele momento, nós éramos a notícia, e pela primeira vez dei entrevista para minha própria esposa, uma das repórteres que faziam parte da cobertura no saguão de desembarque do aeroporto de Guarulhos em São Paulo. A notícia da prisão na Venezuela estampou a capa de todos os jornais brasileiros e foi destaque nos principais programas jornalísticos dos canais de televisão. Estávamos vivos e tínhamos muita história para contar, mas a principal delas ainda dependia das imagens dos cartões de memória.

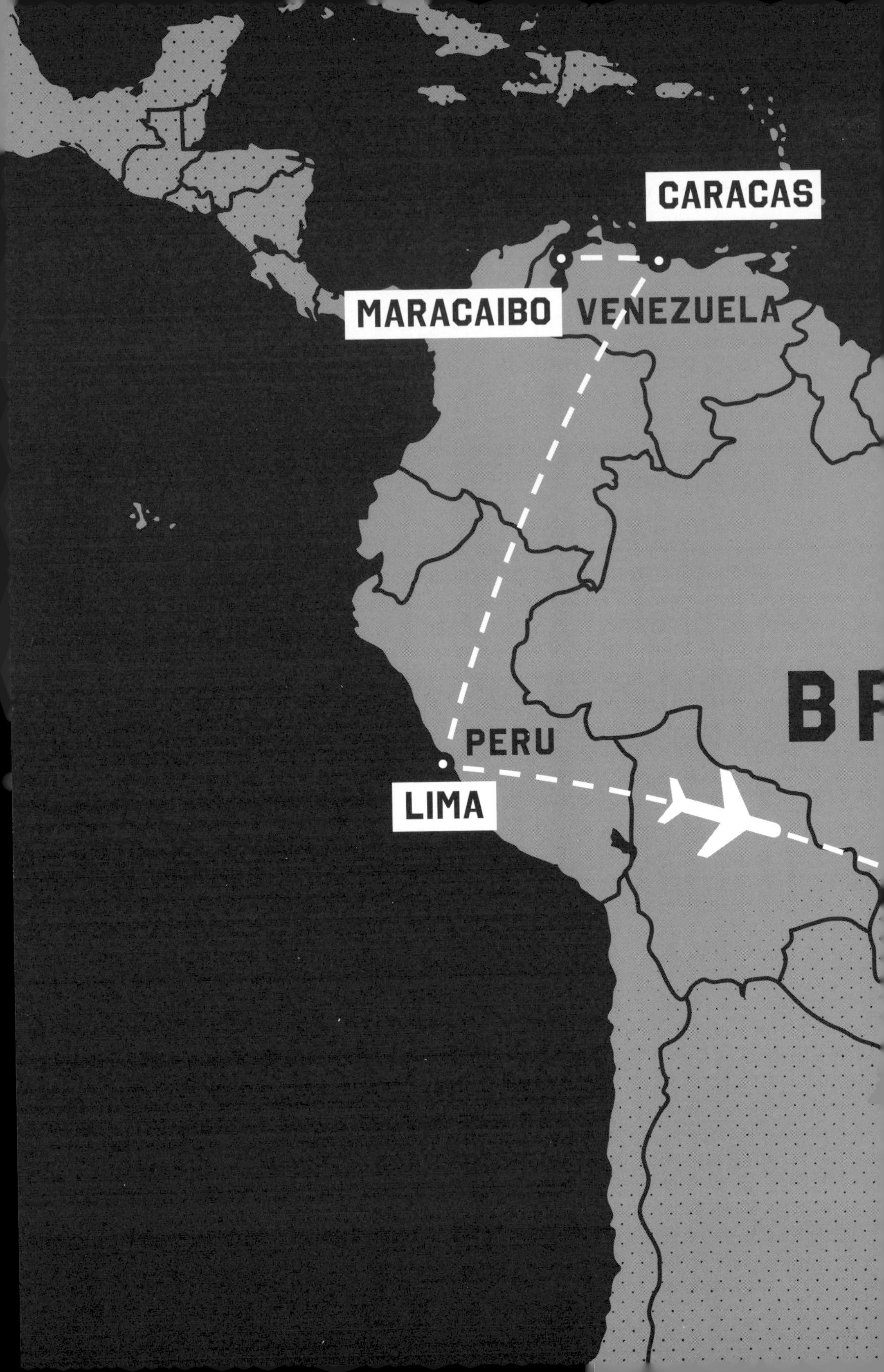
CARACAS
MARACAIBO
VENEZUELA
PERU
LIMA
BR

SÃO PAULO

12 DE FEVEREIRO DE 2017 - DOMINGO
Após trinta horas de prisão, Leandro e Gilson são libertos e voltam para Caracas. Com a ajuda do consulado brasileiro no Peru, são transferidos para Lima, de onde partem de volta para o Brasil.

EPÍLOGO

O CASO ENVOLVEU DIVERSAS ENTIDADES e associações brasileiras que repudiaram a prisão. A Associação Brasileira de Rádio e Televisão (Abratel) divulgou uma nota em seu site oficial no dia 12 de fevereiro de 2017, exigindo nossa libertação:

> A Abratel repudia veementemente a extrema medida do governo venezuelano em deter profissionais de imprensa e apreender seus equipamentos e todo o material jornalístico produzido pela equipe de reportagem da Record TV. Tal decisão é abominável e digna de regimes ditatoriais que não aceitam o livre exercício de imprensa e temem a verdade. A Abratel exige a liberação imediata dos profissionais de imprensa Leandro Stoliar e Gilson Souza da Record TV. Eles foram detidos no pleno exercício legítimo de suas funções quando investigavam denúncias de suborno por parte da construtora Odebrecht na Venezuela, neste sábado, pelo Serviço de Inteligência Venezuelano no estado [de] Zulia. O Itamaraty já foi acionado e afirmou que a missão diplomática brasileira na Venezuela já está envolvida no caso para assegurar a soltura dos profissionais brasileiros. A Abratel acompanha a resolução do referido caso e não descansará enquanto estes profissionais não estiverem em liberdade e em pleno gozo dos seus direitos como cidadãos e profissionais.[1]

---

1. ASSOCIAÇÃO BRASILEIRA DE RÁDIO E TELEVISÃO (ABRATEL). *Abratel repudia prisão arbitrária de jornalistas brasileiros na Venezuela e exige liberação imediata destes profissionais.* 12 de fevereiro de 2017. Disponível em: https://abratel.org.br/noticias/abratel-repudia-prisao-arbitraria-de-jornalistas-brasileiros-na-venezuela-e-exige-liberacao-imediata-destes-profissionais/. Acesso em: 19 abr. 2021.

No mesmo dia, a Associação Brasileira de Jornalismo Investigativo (Abraji) também divulgou nota em seu site oficial considerando absurda a prisão:

> A Abraji acompanha com preocupação a situação de dois jornalistas brasileiros que foram detidos neste sábado na Venezuela, enquanto apuravam a participação da Odebrecht em desvios naquele país. Leandro Stoliar e Gilson Souza foram presos pelo Serviço Bolivariano de Inteligência (Sebin) ao norte do estado de Zulia e levados à cidade de Maracaibo onde tiveram o equipamento e os celulares apreendidos. Dois membros da ONG Transparência Internacional Venezuela também foram detidos. Os profissionais saíram da sede do Sebin na madrugada de domingo para um hotel, onde continuaram sob custódia das autoridades venezuelanas. Ainda no domingo, voltaram a ser levados à sede do Sebin e serão [acompanhados] por oficiais durante seu transporte até a capital Caracas. A Record TV informou esperar que eles regressem ao Brasil nesta segunda (13 fev. 2017). A Abraji considera absurda a detenção dos jornalistas durante a produção de uma reportagem, um atentado à liberdade de expressão e de imprensa. A entidade espera que equipamentos e celulares apreendidos sejam devolvidos aos profissionais e que eles possam regressar com segurança

ao Brasil. A Abraji espera, ainda, que o governo brasileiro cobre explicações da Venezuela.[2]

Também em nota emitida em 13 de fevereiro de 2017, a Associação Brasileira de Imprensa (ABI) repudiou a prisão, que chamou de arbitrária em seu site oficial:

> A Associação Brasileira de Imprensa condena com veemência a prisão arbitrária dos jornalistas Leandro Stoliar e Gilson de Souza, da Rede Record de Televisão, por agentes do Serviço de Inteligência do Governo da Venezuela.
>
> Os profissionais estavam no exercício de suas atividades, investigando denúncias de pagamento de propina da Odebrecht a servidores venezuelanos, quando interrogados e acautelados indevidamente pela polícia política.
>
> O constrangimento a que foram submetidos é inaceitável em qualquer país do mundo. A liberdade de imprensa e o livre acesso à informação são direitos fundamentais, inerentes aos regimes democráticos, e não podem ser violados sob qualquer pretexto, como estabelece a Carta de São José da Costa Rica, da qual a Venezuela é signatária.
>
> A ABI solidariza-se com a Rede Record e os jornalistas atingidos por esse inominável ato de violência. Esperamos que o governo de Nicolás Maduro se penitencie do grave erro cometido e peça desculpas aos profissionais pela sua

---

2. ASSOCIAÇÃO BRASILEIRA DE JORNALISMO INVESTIGATIVO (ABRAJI). *Jornalistas brasileiros são detidos na Venezuela.* 12 de fevereiro de 2017. Disponível em: https://abraji.org.br/noticias/jornalistas-brasileiros-sao-detidos-na-venezuela. Acesso em: 19 abr. 2021.

prisão, ocorrida em flagrante litígio com o texto dessa convenção internacional.[3]

Na reportagem sobre a prisão exibida no *Jornal da Record* em 13 de fevereiro de 2017, o então ministro das Relações Exteriores do Brasil, José Serra, lamentou a prisão e falou sobre o empenho do Itamaraty para tentar a nossa liberação: "O mais importante é que foi resolvido com relativa rapidez. O Itamaraty se envolveu bastante com as autoridades venezuelanas e pôde se encontrar uma saída. Agora, o gesto de prender duas vezes, porque eles tinham sido soltos e depois foram presos no hotel, é absurdo! Mesmo que tivesse problema de visto ou algo parecido, você não usa o instrumento da prisão, da hostilidade, tratando como se eles fossem meia dúzia de terroristas ou coisa do gênero. Isso faz parte do regime de arbítrio que hoje vive a Venezuela. Infelizmente".

A prisão ganhou repercussão internacional, inclusive em países fora da América do Sul. Estampou as páginas dos principais veículos de imprensa em Portugal, Estados Unidos, Japão e Rússia. O nosso retorno foi comemorado na redação do *Jornal da Record* em São Paulo, mas eu ainda me preocupava com a nossa reportagem, afinal não adiantava ter passado por tudo isso e não exibir a matéria no jornal. Eu ainda não havia parado para tentar compreender que tipo de trauma ficaria depois de uma experiência como aquela e, no momento em que cheguei

---

3. ASSOCIAÇÃO BRASILEIRA DE IMPRENSA (ABI). *ABI condena prisão de jornalistas da Rede Record*. 13 de fevereiro de 2017. Disponível em: http://www.abi.org.br/abi-condena-prisao-de-jornalistas-da-record/. Acesso em: 19 abr. 2021.

em casa, na manhã do mesmo dia do desembarque no Brasil, só conseguia pensar nos cartões de memória da câmera com os arquivos de todo o material gravado na Venezuela. A polícia política venezuelana havia ficado com nossas câmeras, computador e telefones celulares. Nada foi devolvido, mas, como eu não tinha o equipamento necessário para checar os cartões, fui obrigado a esperar a manhã do dia seguinte. Foi mais uma noite em claro.

De manhã cedo, corremos para a redação, em São Paulo, para usar o equipamento de edição que poderia ler os cartões de memória, mas, para nossa decepção, estavam vazios. Por algum motivo que até hoje não conseguimos identificar, a câmera gravou tudo na memória interna e nada nos cartões, que só serviram para aumentar nosso estresse durante a prisão, alimentado pelo medo de ser descoberto pelos policiais. Começava ali uma nova batalha para descobrir como contar a história que vivemos na Venezuela sem as imagens, que haviam sido apagadas da memória da câmera pela polícia política. Mas havia uma esperança: Maria. A jornalista venezuelana que tinha escondido o telefone celular com as imagens dos bastidores das gravações poderia salvar todo o nosso trabalho. Pelo aplicativo do celular da emissora, enviei uma mensagem para o telefone dela, que recuperei nos arquivos da nuvem do meu celular na internet. Como não sabia a real situação dela na Venezuela naquele momento e se havia conseguido recuperar o celular na comunidade onde ficara escondido, minha apreensão foi grande.

Foi a terceira noite sem dormir desde a prisão. Um dia depois, devido à péssima conexão de internet venezuelana, Maria respondeu: "Olá, Leandro! Como você está? Recuperei o celular e as imagens estão todas aqui! Posso enviar pelo aplicativo?", escreveu. Era a notícia que precisávamos para conseguir provar que havíamos visitado as obras inacabadas das empreiteiras brasileiras na Venezuela e construir a matéria. As imagens que Maria gravou pelo celular serviram de base para a reportagem da série "A caixa-preta do BNDES", exibida em rede nacional no *Jornal da Record* no Brasil e em mais de 150 países. Além das imagens, a história foi contada com a ajuda de entrevistas por Skype (como a do deputado da oposição Juan Guaidó), artes gráficas e simulações feitas em computador. O morador da comunidade que escondera o celular da jornalista a nosso pedido nunca teve o nome revelado. Só sabemos que até hoje ele mora na mesma comunidade, ao lado da ponte que deveria ter sido construída pela Odebrecht sobre o lago de Maracaibo. A obra com dinheiro brasileiro que nunca saiu do papel.

Quatro anos depois de sermos presos e expulsos da Venezuela, enquanto termino de escrever este livro, o país ainda vive sob a ditadura militar de Maduro. Gilson e eu nunca mais viajamos juntos para fazer uma reportagem, apesar de nos encontrarmos sempre pelos corredores da emissora em São Paulo. O mais perto que cheguei da Venezuela novamente foi na fronteira com Pacaraima, em Roraima, durante os conflitos de 2019, depois que Maduro decidiu fechar as fronteiras com o Brasil por questões políticas. Rosana ainda trabalha comigo todos os dias no *Jornal da Record* em São Paulo e escreveu, brilhantemente, o prefácio deste livro. A repórter Lívia Raick e eu somos casados até hoje e, apesar das minhas crises de ansiedade provocadas pelo estresse pós-traumático, pensamos em ter um filho. O jornalista e editor do *Jornal da Record*, Octavio Tostes, que editou a reportagem especial exibida na TV e por quem tenho imensa admiração, morreu de infarto enquanto revisava o penúltimo capítulo deste livro. Por quatro anos, perdi o contato com os jornalistas venezuelanos que aprendi a admirar. Graças às redes sociais, pude reencontrá-los e tivemos uma breve conversa por meio de uma chamada pela internet. Jesús e Maria vivem atualmente escondidos na Venezuela e continuam o árduo e perigoso trabalho jornalístico de produzir reportagens para mostrar as atrocidades cometidas pelo governo de Maduro. Por medo de serem encontrados e presos novamente, os dois assinam as reportagens com nomes de outras pessoas. Seus sobrenomes foram omitidos neste livro por questões de segurança. Jesús e Maria vão se casar.

AGRADEÇO à minha esposa Lívia, à minha família e aos meus amigos que sempre me apoiaram e me incentivaram a escrever esta obra. A todos os profissionais que viveram comigo essa aventura e torceram pela minha sobrevivência, meu "muito obrigado". É incrível como uma experiência traumática pode aproximar pessoas e inspirar sentimentos. Contar essas histórias reais nos torna mais humanos e próximos da realidade.

Para ter acesso a conteúdo extra sobre jornalismo, basta abrir a câmera do seu celular, apontar para o QrCode e pronto! Você vai ser redirecionado para o site **Jornalistas pelo Mundo**.

Esta obra foi composta por Maquinaria Editorial na família tipográfica FreightText Pro e Octin College. Capa em cartão triplex 250g/m² – Miolo em Pólen Soft 80g/m² Impresso pela gráfica Imprensa da Fé em Maio de 2021.